„Mark Zuckerberg hat Anrecht auf
Erstgeborenen jedes Users"
Die besten Tagespresse-Meldungen
2. Band

DiETAGESPRESSE

Mark Zuckerberg hat Anrecht auf Erstgeborenen jedes Users

Die besten Tagespresse-Meldungen

2.
Band

Residenz Verlag

Hinweis

DiETAGESPRESSE ist ein österreichisches Satiremagazin.
Ausnahmslos alle Artikel sind frei erfunden. Im Regelfall werden
nur Personen, die in der Öffentlichkeit stehen, beim Namen
genannt. Alle anderen Namen sind frei erfunden. Eventuelle
Namensgleichheiten mit Privatpersonen sind rein zufällig.

Bibliografische Information der Deutschen Nationalbibliothek
Die Deutsche Nationalbibliothek verzeichnet diese Publikation in der
Deutschen Nationalbibliografie; detaillierte bibliografische Daten sind im
Internet über http://dnb.dnb.de abrufbar.

www.residenzverlag.at

© 2015 Residenz Verlag GmbH
Wien – Salzburg

Umschlaggestaltung und grafische Gestaltung/Satz: BoutiqueBrutal.com
Umschlagbilder: JD Lasica/Flickr (Montage, CC-BY-SA-2.0);
Fritz Jergitsch (Montage); Sean Locke / Westend 61 / picturedesk.com;
SPÖ / Flickr (CC-BY-SA-2.0)
Schrift: Utopia
Lektorat: Stephan Gruber, feintext.eu
Gesamtherstellung: Grasl FairPrint, 2540 Bad Vöslau, www.grasl.eu

ISBN 978 3 7017 3368 2

Liebe Leserin, lieber Leser!

Es ist Montag, 00:03 Uhr. Am Vortag erreichte mich gegen 23:55 Uhr eine SMS des Verlagslektors mit dem Inhalt: „Na? Vorwort eh nicht vergessen?"

Oh ja, Vorwort vergessen! Und in wenigen Stunden soll das Manuskript an die Druckerei geschickt werden. Erschwerend kommt hinzu, dass ich nicht einmal weiß, was üblicherweise in Vorwörtern steht, da ich sie selber üblicherweise überspringe.

Ich könnte erläutern, auf welch bewegtes Jahr 2015 wir hier in diesem Buch, das Sie in den Händen halten, zurückblicken. Ich könnte auf die Herausforderungen eingehen, die wir meistern mussten, und auf die Höhepunkte, die wir erleben durften.

Es ist aber leider mittlerweile 00:11 Uhr und das Bett ruft. Daher wünsche ich Ihnen jetzt ohne weitere Umschweife auf den folgenden Seiten viel Spaß, neue Einsichten und erhellende Hintergrundinformationen über die Geschehnisse auf dieser Welt.

Womöglich finden Sie dieses Vorwort schlecht. Ich betrachte es eher wie einen Schimmelkäse: so schlecht, dass es schon wieder gut ist.

Fritz Jergitsch
Herausgeber und Chefredakteur

Foto: Fritz Jergitsch (Montage)

Brief lag jahrelang auf Postamt herum: Aufnahmebestätigung der Kunst-Uni erst jetzt an Adolf Hitler zugestellt

„Hiermit teilen wir Ihnen mit, dass unsere Entscheidung bezüglich Ihrer Aufnahme an der k.u.k. Akademie der Bildenden Künste positiv ausgefallen ist" – nicht schlecht staunte Familie Ölmez aus Linz, als dieser Brief am Dienstagmorgen in ihrem Postkasten lag. Der Adressat: Adolf Hitler. Wie sich jetzt herausstellte, dürfte die Aufnahmebestätigung ganze 107 Jahre lang unentdeckt im Postamt herumgelegen sein.

Familienvater Can Ölmez erzählt: „Ich hab zuerst gedacht: Was soll das? Eine Bewerbung an der Kunstakademie? Ist meine Tochter auf die schiefe Bahn geraten? Dann erst habe ich die erste Zeile gelesen: Sehr geehrter Herr Adolf Hitler …"

Die Humboldtstraße in Linz. Wo heute Familie Ölmez lebt, wohnte einst der junge Maler Hitler mit seiner Mutter. Mit einem Gemälde unter dem Arm fuhr er nach Wien und bewarb sich an der k.u.k. Akademie der Bildenden Künste. Hitler wollte nichts sehnlicher, als Malerei zu studieren – doch auf die Aufnahmebestätigung wartete er vergebens.

Tagebucheinträge von damals belegen, wie nah ihm das ging: „Jeden Morgen hetze ich zum Briefkasten, aber schon wieder keine Nachricht für mich. Ist meine Malerei schlecht? Verstehen diese Herrschaften denn nichts von Kunst?"

Dass nie ein Brief ankam, zermürbte ihn letztendlich und ließ ihn verbittern. Hitler wandte sich von der Kunst ab und der Politik zu. Der Rest ist traurige Geschichte.

Bei der Post konnte man das Geschehene rekonstruieren und hat den Fehler im Ablauf gefunden: Der Brief rutschte damals in ein Fach mit der Aufschrift „Weiterbildung". Dieses hat aber seit mehr als 100 Jahren niemand mehr kontrolliert. Wäre das Kuvert einfach in das Fach „Krankmeldungen" gerutscht, hätte man es noch am selben Tag entdeckt.

Die Post bedauert den Fehler: „Unsere Mitarbeiter stellen täglich fünf Millionen Sendungen zu. Wenn durch etwaige Fehler Verzögerungen eintreten oder ein Weltkrieg ausgelöst wird, so bedauern wir dies natürlich sehr."

An Hitler kann der Brief nicht mehr zugestellt werden. Der Post zufolge hat dieser in den 1950er-Jahren zwar noch einen Nachsendeauftrag nach Paraguay erteilt. Inzwischen sei aber keine aktuelle Anschrift mehr bekannt.

Als Wiedergutmachung will die Post allen Volksgruppen und Minderheiten, die damals Schaden erlitten haben, fünf Prozent Rabatt auf die Briefmarken-Sonderedition „Zweite Republik" gewähren.

Im Zuge der internen Ermittlungen ist auch ein weiterer Fehler der Post im Zusammenhang mit Hitler aufgetaucht: Im Jahr 1939 schickte der Tischlermeister Georg Elser eine Briefbombe an Adolf Hitler, die ihn laut Experten mit Sicherheit getötet hätte. Die Bombe kam jedoch nie an, da der Postbeamte damals bei Hitler nur einen gelben Zettel hinterließ.

 1 273 200 Leser    80 760 Shares

> *Hannes E.:* Bitte, liebe Post, überprüft bitte, ob nicht zufällig ein Aufnahmeschreiben für einen gewissen Herrn Strache wo herumliegt.

Foto: Bundespräsident.at

Wirkt wie starkes Opiat: Neujahrsansprache von Heinz Fischer wird rezeptpflichtig

Der Jahreswechsel bringt eine Medizinrevolution mit sich: Die traditionelle Neujahrsansprache von Bundespräsident Heinz Fischer wird ab sofort rezeptpflichtig. In einer klinischen Studie des AKH Wien wurde eine stark betäubende, schmerzstillende und schlaffördernde Wirkung von Fischers Rede festgestellt.

Eine Weltneuheit, denn die Nebenwirkungen sind für den Körper selbst bei langjähriger Behandlung weitgehend ungefährlich. Am häufigsten traten bei den Testpersonen harmlose Symptome auf, wie etwa ein Gefühl von überwältigender Verfassungstreue, eine staatstragende Gestik sowie ein verstärktes Wachstum der Augenbrauen.

Einer, der von diesem medizinischen Durchbruch direkt profitiert, ist Elias P. (22) aus Krems. Der Student litt lange unter chronischen Kopfschmerzen und schweren Schlafstörungen. Er schlitterte in die Opiatsucht. „Ich habe jetzt diese neue Fischer-Behandlungsmethode verschrieben bekommen – ein Wahnsinn! Ich muss mir jetzt jeden Tag die Neujahrsansprache anschauen. Schon nach dem ersten Mal war ich sofort ganz frei im Kopf und habe 13 Stunden durchgeschlafen."

Nachdem Elias P. aufgewacht war, fühlte er sich fit und vital: „Ich habe die neugewonnene Energie genutzt, um mir drei Stunden lang meine Augenbrauen zu zupfen", sagt er und lehnt sich zufrieden zurück. Man sieht es ihm an: Er hat seine Lebensfreude wieder zurückgewonnen.

Doch bei all den positiven Effekten muss auch der Missbrauch der Fischer-Rede eingedämmt werden. „Unter Schülern gibt es den Trend, sich gegenseitig besonders lange Sätze aus den Neujahrsansprachen der letzten Jahre per WhatsApp zu schicken. Die Kinder öffnen dann den Clip und kippen mitten in der Klasse betäubt vom Sessel", sagt Alexander Konrad vom AKH Wien. „Die Neujahrsansprache ist kein harmloser, billiger Kick", warnt er. Es gebe schließlich für die Kinder genügend weniger starke Alternativen wie etwa Marihuana.

Wenn Sie sich die Neujahrsansprache nicht entgehen lassen wollen, lesen Sie das Fernsehprogramm oder fragen Sie Ihren Arzt oder Apotheker.

 50 630 Leser ➤ 7570 Shares

> Peter G.: Das kann ich bestätigen. So schnell kann ich die Bong gar nicht nachfüllen, dass die Wirkung ähnlich stark sein könnte.

> Walter P.: Ich plädiere für Chefarztpflicht! Außerdem sollte diese Einschränkung erweitert werden auf das Verlesen des Tagesbefehls des Bundespräsidenten an die Wehrpflichtigen am 1. Jänner.

> Berta W.: Mein Tipp: Video aufnehmen und im nächsten Jahr bei Schlafstörungen abspielen – erspart 100%ig Schlaftabletten!

Erster Staat weltweit: Palästina erkennt Werner Faymann als „Politiker" an

Trotz heftiger Proteste der internationalen Staatengemeinschaft gab Palästina heute bekannt, als erster Staat weltweit den österreichischen Bundeskanzler Werner Faymann als „Politiker" anzuerkennen. Bisher hatte Faymann bei den UNO-Mitgliedsstaaten lediglich Beobachterstatus als „angeblich in der Politik irgendwie Beschäftigter".

Es ist ein historisches Ereignis für die SPÖ, zugleich aber auch eine weltpolitisch gefährliche Situation. Ein einzigartiger Schulterschluss zwischen den USA, Europa und den afrikanischen Staaten bis hin zum Iran und Nordkorea blieb wirkungslos. Sie alle waren dagegen, doch Palästina wagte den Alleingang und akzeptiert Faymann ab sofort als Politiker.

„Wir wissen nicht genau, was er tut, und wir wollen es auch gar nicht wissen", erzählt Mahmud Abbas, Präsident der Palästinensischen Autonomiebehörde, vor Hunderten Staatschefs im UNO-Hauptquartier in New York.

Dann fährt er fort: „Ja, es stimmt, die einzige politische Handlung von Faymann, die wir auf seiner Wikipedia-Seite finden konnten, war die Einführung der Winterreifenpflicht im Jahr 2008. Aber wenn sich Herr Faymann selbst als Politiker bezeichnet und danach lebt, dann muss das von uns auch so anerkannt werden." Unter Buhrufen verlässt Abbas das Gebäude.

Den Kanzler selbst erreichte die freudige Nachricht in den Weihnachtsferien, die er wie jedes Jahr im nahen Osten, und zwar im Burgenland, verbringt. Dort entspannt er im Kreise seiner engsten Familie, genießt die Idylle mit Eva Dichand und Alexander Wrabetz, und kommt endlich dazu, in Ruhe durch alle gesammelten Heute-Ausgaben zu schmökern, die er das ganze Jahr über nicht lesen konnte.

Obwohl Faymann seit 2008 als Kanzler von Österreich tätig ist, wurde er international nie als Politiker betrachtet. Politexperte Filzmaier erklärt: „Sie müssen sich das mit Faymann und der UNO so vorstellen wie eine Spitzmaus, die im Buckingham-Palast lebt. Sie mag zwar im Palast ihr Mauseloch haben und dort herumlaufen, essen und piepsen, aber sie bleibt am Ende doch nur eine Spitzmaus. Niemand würde auf die Idee kommen, sie als Teil der Royal Family zu bezeichnen."

Während innerhalb der UNO die Spannungen steigen und einige Staaten bereits den Einsatz von Blauhelmen fordern, wollen Obama und Merkel diplomatisch vermitteln und schlagen eine friedliche Koexistenz vor. „Wir brauchen eine sogenannte Zweistaatenlösung", schlägt Barack Obama vor. „Neben Palästina muss sich wohl oder übel also noch ein zweiter Staat finden, der Faymann als Politiker anerkennt. Und alle restlichen Nationen dürfen ihn dann weiterhin ignorieren."

Die Anerkennung stärkt nun aber Faymanns Position innerhalb der Partei und beendet endgültig alle Kanzlerdiskussionen. In letzter Zeit mehrten sich bereits Gerüchte, dass Faymann ersetzt werden könnte, etwa durch ÖBB-Chef Christian Kern oder durch ARBÖ-Ferialpraktikant Julian (17). Diese Spekulationen sind nun vorbei.

„Faymann sitzt in der SPÖ wieder fest im Sattel", erzählt ein SPÖ-Parlamentarier. „Aber andererseits muss man auch sagen: Es ist nicht schwer, sich fest im Sattel zu halten, wenn das Pferd darunter seit Jahren tot am Boden liegt."

Foto: Fritz Jergitsch (Montage)

Rache wegen neuer Sanktionen: Nordkorea hackt Obamas Facebook-Profil

Schwerer Schlag für Barack Obama: Hacker drangen in sein Facebook-Profil ein und hinterließen dort eine schmähende Statusnachricht. Offenbar wurde der Angriff erneut von Nordkorea aus gesteuert. Darauf deuten zumindest Meldungen im nordkoreanischen Staatsfernsehen hin.

„Jeder, der unserer großartigen Nation mit feindseliger Politik begegnet, sei es durch Satirefilme, Sanktionen oder Anschuldigungen eines Hackangriffs, muss mit der erbarmungslosen Rache des nordkoreanischen Volks rechnen", erklärte eine Nachrichtensprecherin mit böser Miene.

Dominik T. (15) aus Wien-Meidling, Schüler und renommierter Experte für Facebook-Schmähangriffe, zeigt sich von dem Angriff beeindruckt. „Ah! ,Ich liebe Penis', der Klassiker", nickt er anerkennend im Gespräch mit der **TAGESPRESSE**. Ihm zufolge habe der Angriff für Obama schlimme Folgen: „Jetzt denkt jeder, er wäre schwul", hebt er kichernd hervor.

Wie die Angreifer in das Profil eindringen konnten, darüber kann auch der Experte T. nur mutmaßen: „Vermutlich haben sie einfach in seiner Nähe gewartet, bis er sein Handy irgendwo liegen lässt, etwa um während der Pause aufs Klo zu gehen. So wäre ich jedenfalls vorgegangen, hätte ich den Job machen müssen."

Das Weiße Haus bestätigte unterdessen den Eindringling in das Facebook-Profil. Die Nachricht wurde nach dreizehn Minuten entdeckt und gelöscht. Ein Sprecher gibt an, dass das Passwort von Obamas Facebook-Profil mittlerweile von „hawaii123" auf „hawaii1234_" geändert wurde.

Der Angriff dürfte zu einer weiteren Verschärfung der diplomatischen Spannungen zwischen den USA und Nordkorea führen. Erst zu Silvester sorgte ein vermeintlicher neuer Raketentest in der Hauptstadt Pjöngjang für Aufregung. Die abgeschossene Rakete entpuppte sich jedoch als Silvesterrakete, die von Diktator Kim Jong-un vom Balkon seines Palastes anlässlich des neuen Jahrs abgefeuert wurde.

 94 440 Leser 8530 Shares

Moritz R.: Irgendwie glaube ich, dass dieser Artikel eine Satire ist: „Obamas Facebook-Profil [wurde] mittlerweile von ‚hawaii123' auf ‚hawaii1234_' geändert" … really? LOL.

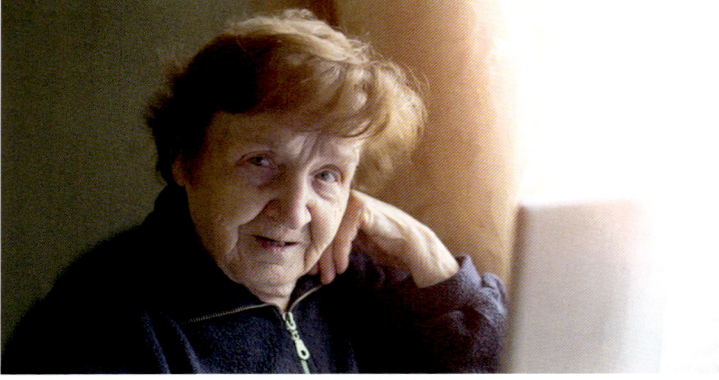

Foto: De Visu/Fotolia.com

Tausende Euros verschwendet: Diese Oma (82) klebt seit Jahren Briefmarken auf ihre E-Mails

Die Wiener Familie Karner staunte nicht schlecht, als sie zu Jahresende ihre Oma besuchte. Am Bildschirm der Frau klebten mehr als tausend Briefmarken. Denn niemand hatte der betagten Dame erklärt, dass elektronische Post nicht frankiert werden muss.

Gemeinsam mit den Karners besuchen wir die Pensionistin Ludmilla Karner (82) in ihrer kleinen Gemeindewohnung in Wien-Ottakring. Wir bitten die Pensionistin, uns noch einmal zu demonstrieren, wie es zu diesem beispiellosen Fall von Verschwendung kommen konnte.

Die Großmutter quält sich ein Lächeln ab und führt uns dann in die Küche, wo der Computer steht, den man ihr zum 80er geschenkt hat. Gekonnt loggt sie sich bei GMX mit ihrem Usernamen „honeygirl_1934" ein und schreibt eine E-Mail. Alles scheint ganz normal. Doch kurz bevor sie auf „Senden" klickt, leckt sie an einer Briefmarke und klebt diese auf den Bildschirm – ein Bildschirm, der bereits beinahe vollständig mit Briefmarken zugeklebt ist.

Wir zählen nach und kommen auf Briefmarken im Wert von mehr als 4000 Euro. Oma Karner hat ihre letzten Ersparnisse für die Marken aufgebraucht. Zornig reißt ihr Sohn die Marken vom Bildschirm und schreit: „Hier pickt das Weihnachtsgeschenk von meiner Jacqueline!" Die Enkelin ging dieses Jahr zu Weihnachten leer aus, denn alles, was die Oma ihr schenken konnte, war Liebe. „Was soll die Jacqui mit Liebe!? Ein Barbie-Auto braucht sie, für ihr Barbie-Haus!", zürnt der Familienvater weiter.

Jetzt erst erkennen wir auch, warum es im Zimmer penetrant nach Verdorbenem riecht. Vor einigen Wochen wurde die Groß- mutter gebeten, ihr Backhuhn-Rezept „ins Internet zu stellen". Ludmilla Karner stellte daraufhin einen Teller mit Huhn auf das Modem. Dort verrottet das Fleisch seither. Der Gestank wird durch die Hitze des Modems noch zusätzlich verschlimmert.

Für Familie Karner ist der Schaden bereits angerichtet, aber um ähnliche Fälle zu verhindern, reagiert das Technologie-Ministe- rium und bietet nun allen Menschen über 60 spezielle Internet- Kurse an, wie Minister Alois Stöger (SPÖ) erklärt: „Wir haben in jeder größeren Stadt eigene Schulungszentren eingerichtet und da- für keine Kosten und Mühen gescheut. Alle Computer wurden up- gedatet und laufen jetzt auf der neuesten Version von Windows 98."

Dass derartige Maßnahmen längst überfällig sind, zeigt ein anderer Fall, auf den wir während der Recherche zu dieser Ge- schichte gestoßen sind. In Graz hat ein Pensionist beim Schreiben von E-Mails nicht nur ständig Briefmarken auf den Bildschirm geklebt, sondern anschließend nach jeder Nachricht einen neuen Bildschirm in einen Karton verpackt und per Post verschickt. Der Schaden liegt im sechsstelligen Bereich.

 156 210 Leser 8430 Shares

Sarah G.: Finde es traurig das der Familien vater so reagiert hat was seine tochter betrifft nur weil die zu weihnach- ten nichts bekommen hat … regt er sich auf oder wie hätte er mal seine mutter öfter besucht wäre es zu so ein Vorfall nicht gekommen …

Foto: Fritz Jergitsch (Montage)

Satiremagazin droht Islamisten mit Vergeltungsschlag: Bis zu null Opfer befürchtet

Jetzt ist es also auch in Österreich so weit: Ein skurriles heimisches Satiremagazin sprach heute eine Drohung gegen islamistische Terroristen aus. Demnach müssten diese in naher Zukunft womöglich mit Vergeltungsschlägen für den gestrigen Angriff auf das französische Satiremagazin *Charlie Hebdo* rechnen. Es werden im schlimmsten Fall bis zu null Opfer befürchtet.

Der Drohung zufolge müssten radikale Islamisten im ganzen Land jederzeit auf satirische Artikel, Fotomontagen oder sonstige Witze gefasst sein, die ihre mittelalterlichen, repressiven und martialischen Ansichten angreifen. Das Magazin sieht sich nach eigenen Angaben in einem Kampf um die „Meinungsfreiheit", eine Ideologie, bei der einfach jeder jede Meinung vertreten darf.

Die Drohung versetzt die heimische Gemeinde der Terrorsympathisanten und Radikalen in Angst und Schrecken. Der IS-Sympathisant Abdul B. (24) aus Graz bestätigte gegenüber der **TAGESPRESSE** den Eingang der Drohung: „Ich checkte gerade meinen E-Mail-Account nach neuen Antworten auf meine Terror-drohungen. Da empfing ich diese schockierende Nachricht."

Abdul B. lebt seither in großer Angst: „Ich traue mich nicht ein-mal mehr, mit meiner Kalaschnikow vor die Tür zu gehen. Ich habe solche Angst vor schweren Verletzungen meiner religiösen Gefühle!" Auch andere seiner Gesinnungsbrüder sind in großer Sorge und tragen ihren Sprengstoffgürtel nur mehr gut versteckt unter der Kleidung.

Dem Innenministerium ist die Drohung mittlerweile bekannt, ein Sprecher rechnet mit etwa null Toten und null Verletzten. Eine Verstärkung des Polizeischutzes für Terrorsympathisanten wird jedoch momentan nicht in Betracht gezogen: „Die müssen sich keine Sorgen machen. Mehrere verdeckte Beamte befinden sich zu jedem Zeitpunkt in ihrer Nähe."

Anmerkung: Der Artikel erschien am Tag nach dem Terroranschlag auf das Redaktionsbüro des französischen Satiremagazins *Charlie Hebdo*.

 102 950 Leser   9460 Shares

Maria K.: Satire darf gerade jetzt nicht aufhören! Wenn die gestrigen Ereignisse jetzt dazu führen, dass mutige Schreiber-lein lieber den Mund halten, haben die Terroristen gewonnen!

Stefan B.: Die Feder ist mächtiger als das Schwert.

Foto: Richard Schlager / APA / picturedesk.com

Angst vor Terror: Wolfgang Fellner fordert Polizeischutz für sein Satiremagazin „Österreich"

Regelmäßig macht sich die Redaktion der Zeitung *Österreich* in frei erfundenen Artikeln über den Islam und seine Anhänger lustig. Doch nach der Attacke gegen *Charlie Hebdo* haben nun auch Wolfgang Fellner und seine Mitarbeiter Angst, ins Fadenkreuz von Terroristen zu gelangen.

„So ein Anschlag macht einen natürlich betroffen", erzählt Fellner, den wir zum Frühstück in der Go-go-Bar treffen, die sich im obersten Stockwerk des *Österreich*-Gebäudes befindet. Fellners Zeitung veröffentlicht regelmäßig frei erfundene Artikel ohne jeden Wahrheitsgehalt, sorgt damit morgens für Erheiterung bei Fahrgästen der Wiener U-Bahn und gilt als Österreichs meistgelesenes Satiremagazin.

„Niemand in diesem Land definiert den Begriff ‚Pressefreiheit' derart radikal wie Wolfgang Fellner", analysiert Medienexpertin Dr. Beate Hummer. „Die *Österreich*-Redakteure nehmen sich die Freiheit, einfach alles und jeden durch den Kakao zu ziehen." Egal ob sie mächtige Politiker denunzieren, Interviews mit Fußballstars erfinden oder Religiöse verspotten – bisher hatte Fellner keine Angst vor Konsequenzen. Doch nun fordert er, dass seine Redaktion rund um die Uhr von zwei Polizisten bewacht wird.

Die Wiener Polizei erklärt dazu am Telefon, dass erst einmal die Kostenfrage geklärt werden müsse: „Schauen Sie, wenn ich zwei Polizisten in der *Österreich*-Redaktion platziere und sie täglich Kontakt mit Wolfgang Fellner haben, dann muss ich denen nicht nur das Gehalt zahlen, sondern auch noch eine Sonderbelastungszulage", erklärte Wiens Polizeipräsident Pürstl.

Wolfgang Fellner ist entsetzt, dass der Staat ihm keinen Schutz zur Verfügung stellen will. Er hat nun selbst reagiert und mit seinem Privatgeld zwei Securitys engagiert, die bisher am Bahnhof Praterstern gegen Obdachlose vorgingen. Ab sofort werden der 17-jährige Mirko und sein 52-jähriger Kollege Gottfried von „G4S Security" vor dem Eingang der Redaktion patrouillieren.

Der *Österreich*-Herausgeber verspricht aber, nicht aufzugeben und so weiterzumachen wie bisher. Fellner reckt seinen SPÖ-Kugelschreiber in die Höhe und schreit mit einer Träne im Auge: „Die Terroristen können uns attackieren, aber wir werden uns niemals einschüchtern lassen! Ich werde alles tun, um das zu verteidigen, was für mich das höchste journalistische Gut ist: die Auflagensteigerung!"

 72 980 Leser   14 310 Shares

Dave B.: Und dafür werden unsere steuergelder verschwendet??? Mit den 2000€, die für den schutz der satirezeitung ausgegeben werden, könnte man 2 kindergärten 2 tage lang mit einem pudding als nachspeise versorgen! Denkt mal drüber nach!

Marvin: Komisch, dass Pürstl da noch die Kostenfrage klären muss. Bei der Räumung der Pizzeria Anarchia wurden doch auch keine Kosten gescheut für die Leistungsträger.

Humanitäre Tragödie: Schiff mit 400 österreichischen Steuerflüchtlingen vor Bahamas in Seenot

Vor der Küste der Bahamas-Hauptstadt Nassau droht eine humanitäre Katastrophe. Eine Luxusyacht mit mehr als 400 österreichischen Steuerflüchtlingen an Bord befindet sich nach einem Motorschaden in Seenot.

Das Schiff ist vollgepfercht mit österreichischen Millionären und bereits seit einem Tag manövrierunfähig. Der Schaden entstand, als ein Passagier am schiffseigenen Golfplatz einen Ball mit voller Wucht in eine Elektronikanlage schoss. Die Lebensmittelsituation am sinkenden Schiff ist dramatisch: Seit gestern ist der Dom-Pérignon-Champagner aus, es gibt nur mehr Veuve Clicquot. Auch der Kaviarvorrat neigt sich dem Ende zu.

Immer wieder versuchen österreichische Steuerflüchtlinge, über das Meer zu den Bahamas zu fliehen. „Sie sind verzweifelt und lassen in Österreich alles zurück bei ihrem Treuhänder", erklärt ein Vertreter von Amnesty International. Die meisten Flüchtlinge haben nicht einmal einen Diplomatenpass dabei und tragen nichts bei sich außer einem prall gefüllten Geldkoffer.

Das Militär der Bahamas schickt zwar Rettungsboote aus, doch die Regierung des Inselstaates ist verärgert. Auch ein Großteil der Einwohner hat genug vom Steuerflüchtlingsstrom, wie uns ein Fischer erklärt: „Wie kommen wir auf den Bahamas dazu, die österreichischen Millionäre aufzunehmen? Die nehmen doch nur den Milliardären aus Hongkong und von der Wall Street die guten Plätze im Restaurant weg."

Humanitäre Organisationen auf den Bahamas kümmern sich seit Jahren um österreichische Steuerflüchtlinge und kritisieren die Regierung in Wien für ihr Vorgehen. „Während die Minderheitengruppe der Millionäre in Österreich früher in Ruhe ihren korrupten Tätigkeiten nachgehen konnte, werden sie seit Kurzem immer stärker verfolgt. Oft bleibt ihnen nur die Steuerflucht als einzige Möglichkeit, ihr Kapital in Sicherheit zu bringen", erzählt eine Helferin, die in einem provisorischen Auffanglager Louis-Vuitton-Taschen verteilt.

In diesem Auffanglager treffen wir auch den Salzburger Steuerflüchtling Ludwig von Mohrheim IV. (67), der sich seit Anfang des Jahres auf den Bahamas befindet und auf den Asylbescheid wartet. Er ist es auch, der uns von horrenden Zuständen im Heim berichtet: „Wir sind hier seit Wochen in Doppelzimmern untergebracht! Und das nur in einem 4-Sterne-Superior-Hotel!"

Die Helferin unterstützt Leute wie von Mohrheim IV., damit sie auf den Bahamas zumindest das Allernotwendigste bekommen: einen Aufenthaltsraum, eine Küche und die Möglichkeit, einmal am Tag ihr Geld zu waschen.

 108 550 Leser   18 650 Shares

Gundula R.: Rettet wenigstens ihr Geld …

Martin A.: Kein Wunder, dass die manövrierunfähig ist, wenn alle vorm Steuer flüchten …

Forscher finden bisher unbekannte Vogelart in Heinz Fischers Augenbrauen

Immer wieder erstaunlich, wozu Mutter Natur alles fähig ist. Das beweist uns einmal mehr ein Forscherteam, das die verwachsenen Weiten von Heinz Fischers Augenbrauen erkundet. Die Expedition vermeldete heute die Entdeckung einer neuen, bisher unbekannten Vogelart. Das gaben die Forscher via Satellitentelefon bekannt.

Die neue Art wurde „Avis rubrum piger" benannt und zeichnet sich durch ihre träge, ruhige Art aus. Der Vogel wehrt sich gegen natürliche Feinde, indem er diese durch Aufforderungen zum bilateralen Dialog in tiefen Schlaf versetzt.

Bereits seit geraumer Zeit weiß man in Fachkreisen um die Schönheit von Heinz Fischers Augenbrauen Bescheid. Biologen vermuten, dass noch Hunderte weitere Tierarten im Dickicht darauf warten, entdeckt zu werden.

Denn aufgrund der dichten Abschirmung von äußeren Einflüssen konnte die Evolution dort über Jahrzehnte ihre eigenen eindrucksvollen Wege gehen. Im Gegensatz zum Regenwald sind Fischers Augenbrauen außerdem nicht von baldiger Rodung bedroht.

Doch Expeditionen in die Augenbrauen gelten auch als sehr gefährlich, ist das Gebiet doch wenig bis gar nicht erschlossen. Die Mittel der Kommunikation sind begrenzt, medizinische Hilfe von außen ist nur schwer möglich. Ein Rettungsteam könnte Monate brauchen, um sich zu einem Notfallort durchzukämpfen. Insgesamt vier Forschergruppen gelten bisher als verschollen.

Trotzdem lassen sich Wissenschaftler immer wieder von der wilden Schönheit der Augenbrauen verführen. Und wer weiß: Vielleicht haben die verschollenen Forscher ja ganz einfach nur beschlossen, der Zivilisation den Rücken zu kehren und sich in Heinz Fischers Augenbrauen sesshaft zu machen. Man wird es wohl nie erfahren.

 68 570 Leser   12 630 Shares

Christian C.: Vorsicht, Fischers Augenbrauen könnten für einige Religionen heilig sein, ziemlich gefährlich, darüber Witze zu reißen!

Norbert D.: Die Eva Glawischnig hat heute einen Antrag eingebracht, die Augenbrauen des Bundespräsidenten zu einem Nationalpark-Schutzgebiet zu erklären. Haben die wirklich nichts Besseres zu tun?

Larissa Marolt entführt: Kidnapper bieten 1 Million Euro Lösegeld

Larissa Marolt ist heute Morgen am Weg zu einem Dreh von Unbekannten entführt worden. Die Kidnapper meldeten sich bereits telefonisch bei den Angehörigen. Sie bieten 1 Million Euro Lösegeld, wenn Marolt schleunigst wieder abgeholt wird.

„Bitte, schickt jemanden vorbei und befreit uns von ihr, so schnell wie möglich", flehte einer der Entführer die Angehörigen an. „Sie redet schon seit zwei Stunden ohne Pause und setzt uns massivem Psychoterror aus. Wir haben schreckliche Angst, dass sie uns noch etwas antut!"

Aufgrund der enormen psychischen Belastung konnten die Entführer keine näheren Angaben zu ihrem momentanen Aufenthaltsort machen. Sie gaben lediglich an, sie hätten sich zum Schutz vor Marolt in einem kleinen, dunklen Kämmerchen im Keller eingesperrt. „Wir wissen nicht, was sie als Nächstes vorhat. Aber wir glauben, die ist zu allem fähig", befürchten die Kidnapper.

Sie bieten den Angehörigen 1 Million Euro Lösegeld, welche sie „schon irgendwie zusammenkratzen werden", wie sie am Telefon versicherten. Die Geldübergabe soll bei der Abholung erfolgen. Um zu beweisen, dass sie es ernst meinen, wollen sie sich ein Ohr abschneiden und den Angehörigen von Marolt per Post schicken.

„Und keine Polizei! Wir wollen diese Larissa Marolt nie wieder sehen müssen, weder im Gerichtssaal noch sonst wo."

Unterdessen gaben die Angehörigen bekannt, sich noch zu überlegen, ob sie auf das Angebot eingehen sollen. „In jedem Fall sind unsere Gedanken in diesen schweren Stunden bei den Entführern. Wir fühlen mit ihnen und hoffen, dass sie das unversehrt überstehen", so der Anwalt der Familie.

 231 080 Leser    14 760 Shares

> *Michael P.*: Wir wünschen den Kidnappern in diesen schweren Stunden viel Kraft!!

> *Wolfgang K.*: Man kann sagen, was man will, aber sowas ist einfach unmenschlich und unter jeglicher Kritik … Man kann über diese Menschen denken wie man will, aber sowas hat sich keiner verdient. Ich leide mit den Entführern.

> *Tristan S.*: Hier muss man jetzt einfach die Ruhe bewahren und die Entführer noch ein wenig hinhalten! Die bieten noch mehr!

Autoritärer Herrscher festigt Macht durch Abhaltung von „Wahlen"

Schon wieder bedient sich ein autoritärer Herrscher an den Institutionen der Demokratie, um seine Macht zu festigen: Der Machthaber Niederösterreichs, Erwin Pröll I., ließ gestern sogenannte „Gemeinderatswahlen" abhalten. Noch am selben Abend erklärte sich seine Partei zum haushohen Sieger. OSZE-Wahlbeobachter waren nicht anwesend.

Pröll I. nahm das Wahlergebnis in einer Rede vor Anhängern an und sprach von einem „Sieg der Demokratie". Laut ersten Hochrechnungen erreichte seine Partei in zahlreichen Wahlkreisen Ergebnisse jenseits der 50 Prozent. Das niederösterreichische Staatsfernsehen ORF-NÖ zeigte Bilder von jubelnden Anhängern des Herrschers.

Vertreter der kaum vorhandenen Opposition sprachen jedoch von massiven Unregelmäßigkeiten. So ist etwa von vorausgefüllten Wahlzetteln die Rede, die angeblich direkt vor Wahllokalen verteilt wurden. Auf manchen Stimmzetteln schien überhaupt nur die Partei des Machthabers auf. Die Opposition will das Ergebnis daher nicht anerkennen. Freilich gilt ihr Protest als aussichtsloser Akt der Verzweiflung.

Bereits seit knapp 23 Jahren hat Erwin Pröll I. das Land fest im Griff. Im Laufe der Jahre platzierte er Angehörige seines Clans „Volkspartei" gezielt an wichtigen Positionen in Politik und Wirtschaft, um seinen Machterhalt sicherzustellen. Kritische Medienberichterstattung ist kaum vorhanden, Kritiker verschwinden nicht selten spurlos in der Frühpension.

Gleichzeitig entwickelt sich das Land nur äußerst langsam. Zwar gibt es in einigen Tälern bereits Internetanschluss, doch weite Gebiete stecken kulturell und gesellschaftlich immer noch im 19. Jahrhundert fest. Jedoch ist nicht alles schlecht, immerhin baute Pröll zahlreiche Autobahnen.

Pröll I. sitzt fest im Sattel. Zumindest zum jetzigen Zeitpunkt besteht keine Hoffnung auf demokratische Reformen. Doch wer weiß, vielleicht dringt der Geist des arabischen Frühlings irgendwann auch nach Niederösterreich vor und lässt das unterdrückte Volk erwachen.

Anmerkung: Die Gemeinderatswahlen 2015 in Niederösterreich verliefen für die ÖVP und Erwin Pröll positiv.

 56 240 Leser   6820 Shares

> *Reinhard K.*: Das war ein Artikel vom Kurier! Nachdem aber die Partei mit der Einstellung der Zeitung gedroht hat, haben sie schnell DIE TAGESPRESSE über den Artikel geschrieben!

> *Manfred K.*: Schweigt!!! Erwin wird uns mit Blitz und Donner strafen! Gütiger Erwin, lass Gnade walten über diese Ungläubigen!

Foto: Kara/Fotolia.com (Montage)

Nicht schon wieder: Rainer Pariasek nach Schladming-Rennen „unabsichtlich" auf Sessellift vergessen

Nachdem Rainer Pariasek bei den Olympischen Spielen in Sotschi vergessen und auch bei der Fußball-WM für ihn nur ein One-Way-Ticket gebucht worden war, wurde der Sport-„Reporter" gestern abermals Opfer eines unglücklichen Missgeschicks. Pariasek wurde nach dem Slalom in Schladming die ganze Nacht über am Sessellift vergessen.

Trotz lauter Hilferufe wurde Pariasek am Lift nicht gehört. Dabei befand sich seine Gondel nur vier Meter außerhalb der Talstation. Der Liftbetreiber spricht von einem „technischen Gebrechen". ORF-Generaldirektor Alexander Wrabetz macht gar „höhere göttliche Gewalt" dafür verantwortlich. Ein Arzt vor Ort erklärt, dass Pariasek die nächtliche Kälte nur überstehen konnte, indem er unablässig mit geschlossenem Mund redete und die dadurch entstehende heiße Luft speicherte.

In einem emotionalen Interview, das Pariasek nach dem Zwischenfall mit sich selbst führte, erzählt er von der eisigen Nacht: „Wenn man in dunkler Stille einsam am Lift hängt, da gehen einem die existenziellen Fragen des Lebens durch den Kopf; Dinge, die mich seit Langem beschäftigen: Soll ich mir die Achselhaare färben? Und warum gibt es bei Zalando eigentlich keine eigene Rubrik für angespitzte Lackschuhe?"

Den ORF-Kollegen in Schladming ist Pariaseks Abwesenheit im Hotel nicht aufgefallen. Co-Kommentator Thomas Sykora erklärt: „Der Rainer ist abends nie bei uns dabei am Esstisch, sondern geht immer gleich aufs Zimmer." Pariasek lernt nämlich täglich Hunderte Vokabeln, um sein Denglisch zu perfektionieren.

Als der Liftwart den ORF-Mann am nächsten Morgen entdeckte und zurück zum Hotel brachte, war im ORF-Auto aber kein Platz mehr für die Rückfahrt frei. „Auch der ORF muss sparen", erklärt Kollege Oliver Polzer. „Der Rainer ist nicht aufgetaucht. Wir haben dann sogar fast beinahe versucht, ihn eventuell einmal anzurufen. Aber dann haben wir den Sitzplatz leider an das Schminktascherl von Armin Assinger vergeben."

Obwohl Pariasek angeboten hat, die Heimreise selbst zu finanzieren, hat ORF-Chef Wrabetz ihn gebeten, „vorerst in Schladming die Stellung zu halten". Der ORF hat Pariasek freigestellt und ihm die Erlaubnis gegeben, vor Ort Feuerwehrfeste oder Kreisverkehrseröffnungen zu moderieren.

Für Rainer Pariasek jedenfalls brachte der Vorfall das Fass zum Überlaufen. Er vermutet schon lange keinen Zufall mehr, sondern eine Intrige des ORF. Pariasek will jetzt endlich auspacken und seine Version darlegen. Der **TAGESPRESSE** wollte er ein Skype-Interview direkt aus Schladming geben. Doch zum vereinbarten Zeitpunkt konnte die Redaktion der **TAGESPRESSE** aus mysteriösen Gründen leider keine Internetverbindung herstellen.

 144 320 Leser   10 040 Shares

> *Martin B.:* Wenn der ORF nicht aufpasst, wird er irgendwann „wifaut a twace" verschwinden!

> *Martin S.:* Und wieso wird er ständig wieder gefunden? Das ist die eigentliche Intrige!!!!!

Foto: Fritz Jergitsch (Montage)

„Endlich 72 tanzende Jungfrauen": Dschihadist (23) ergattert Karte für Burschenschafter-Ball

Für Dschihadist Achmed M. (23) geht morgen ein Traum in Erfüllung: Er wird den Burschenschafter-Ball in der Wiener Hofburg besuchen, um „endlich 72 tanzende Jungfrauen zu treffen", wie er der **TAGESPRESSE** verrät.

„Ich habe mir sofort eine Karte gekauft, als ich hörte, dass es einmal im Jahr in der Hofburg dieses Paradies gibt", erzählt Achmed begeistert. Er kann sein Glück kaum fassen: „72 Jungfrauen in bunten Kostümen, ganz rein, scheu und noch nie sexuell berührt." Seine Augen beginnen zu glänzen. „Und einen Säbel tragen sie auch bei sich!"

Neben den Burschenschafter-Jungfrauen freut sich der Gotteskrieger auf ein weiteres Highlight: „Laut Programm wird auf dem Ball zu Mitternacht der Schampus geköpft. Keine Ahnung, was dieser Herr Schampus angestellt hat. Ich finde das jedenfalls eine nette Einlage für die Gäste."

Mit dabei hat Achmed M. seine AK-47, verziert mit einer schicken roten Schlaufe: „Zu Beginn wird es ja diesen Welcome Shot geben. Das lasse ich mir nicht entgehen."

Unterdessen wurde bekannt, dass Wladimir Putin überraschend eine Einladung zum Ball ablehnte. Ein Sprecher des russischen Präsidenten erklärte: „Männer in bunten Kleidern, die ihre harten Degen aneinanderreiben, findet Putin bedenklich. Er ist kein Freund der Homosexuellen-Propaganda, sondern sehr, sehr heterosexuell." Außerdem habe Putin ohnehin keine Zeit: „Freitag ist immer schlecht. Da hat er Oben-ohne-Reiten, Samba-Kurs mit seinem Trainer Alberto und danach Brazilian Waxing."

Wie kommt Achmeds Besuch bei seinen Objekten der Begierde, den Burschenschaftern, an? „Katastrophal", sagt Adalbert Dietmar Otto Ludwig Friedrich (22). „Wenn so einer kommt, komme ich nicht. Arier statt Scharia!"

Während er stramm wegmarschiert, bleibt seine attraktive Mutter Maria Irmgard Lisa Friederike (46) noch kurz stehen und sagt: „Es tut mir leid! Mein Sohn A.D.O.L.F. kann manchmal ein kleiner Tyrann sein. Wenn sich dieser Achmed integriert, einen Arbeitsplatz hat, unsere Sprache lernt und uns keinen Arbeitsplatz wegnimmt, was spricht dagegen?"

Das könnte eine rauschende Ballnacht für Achmed M. werden. DⁱᴱTAGESPRESSE wünscht: Allahs Walzer!

 146 000 Leser   18 230 Shares

Manuel Z.: Maria Irmgard Lisa Friederike … I see what you did there.

Foto: Franz Gruber / KURIER / picturedesk.com

Traditionelle Krawallnacht durch gewaltlosen Protest von friedlichen Demonstranten bedroht

Auch heute will das NOWKR-Bündnis wieder durch die Wiener Innenstadt ziehen, um ein Zeichen gegen Vernunft zu setzen. Doch die traditionellen Ausschreitungen werden durch mehrere friedliche Gruppierungen bedroht, die sich ebenfalls angekündigt haben. Sie wollen die Krawalle mit Lichterketten, Gesängen und Mahnwachen stören.

Eine Sprecherin des NOWKR-Bündnisses zeigt sich gegenüber der **TAGESPRESSE** beunruhigt: „Unser Kampf gegen faschistische Schaufenster_innen und kapitalistische Mistkübel_innen droht durch den friedlichen Protest von einigen Zehntausend Problemfällen in ein positives Licht gerückt zu werden."

Die Sprecherin befürchtet, dass durch den friedlichen Protest die Aufmerksamkeit weg von den Krawallen und hin zur gesellschaftlichen Problematik des Rechtsextremismus gelenkt werden könnte. „Wir sind das Proletariat! Nieder mit dem Kapitalismus! Kommunismus jetzt!", brüllt sie energisch und schüttet dabei versehentlich ihren Fairtrade-Caramel-Frappuccino über ihr 15" MacBook Pro.

Dann bekräftigt sie: „Nur mit Gewalt können wir nämlich die Öffentlichkeit davon überzeugen, dass die wahre Gewalt von der Ideologie der Rechten ausgeht." Dies sei auch das Thema ihrer Literaturwissenschafts-Diplomarbeit, an der sie bereits seit 1996 schreibt.

Auch die FPÖ ist über den angekündigten Aufmarsch friedlicher Demonstranten besorgt: „Was soll der Kickl morgen in seiner Aussendung schreiben, wenn nicht zumindest ein paar Mistkübel durch die Luft segeln?", so Parteiobmann Heinz-Christian Strache. Er hofft daher auf engagierte Autonome: „Dann können wir wieder glaubwürdig unsere Opferkarte ausspielen, wie jedes Jahr!"

Die Polizei ist durch den drohenden Aufmarsch der friedlichen Demonstranten alarmiert. Sie wird daher auch heuer wieder um Eskalation bemüht sein: „Wir werden mit allen Mitteln verhindern, dass es zu keinen Ausschreitungen kommt", so ein Sprecher. Daher wolle man wieder grundlos Pfefferspray gegen Demonstranten anwenden, die zu friedlichen Mitteln greifen.

Anmerkung: Der Artikel erschien am Tag des WKR-Balls, der traditionell von Protesten mehrerer antifaschistischer Bündnisse begleitet wird. In den Jahren zuvor kam es zu punktuellen Ausschreitungen.

 57 030 Leser  7260 Shares

Jörg E.: in diesem sinn – bleibts cool, das schlimmste für die blauen wäre, wenn es keine krawalle gäbe – und wir wollen denen doch nix gutes tun – oder???

Carolin: Diese faschistischen Schaufenster-Innen, die kapitalistische WerteInnen verkörpern, indem sie LouisA-Vuitton-Taschen ausstellen, sind ja auch eine Zumutung für jede/n demokratie- und freiheitsliebende/n BürgerIn!

Neue Facebook-AGBs: Mark Zucker-berg hat Anrecht auf Erstgeborenen jedes Users

Seit dieser Woche sorgen neue Nutzungsbedingungen bei Face-book für Aufregung. Ein besonders umstrittener Paragraf räumt Mark Zuckerberg nun auch das Recht auf den Erstgeborenen je-des Users ein.

Schon bisher sammelte Facebook private Daten seiner User, doch dass das amerikanische Unternehmen nun sogar Zugriff auf den Erstgeborenen der Nutzer haben möchte, stellt den bis-her tiefsten Eingriff in die Privatsphäre dar. Der große Aufschrei blieb bisher aus, da die meisten Nutzer die Änderungen gar nicht mitbekamen.

„Liest denn überhaupt irgendwer Nutzungsbedingungen, wenn man sich wo anmeldet?", fragt der Datenschutzexperte Herbert Lemberg erzürnt. „Also ich sicher nicht, obwohl es ja eigentlich mein Job wäre. Und wenn ich es nicht lese, dann sicher auch sonst niemand."

Facebook-Gründer Mark Zuckerberg zeigt sich über die ent-brannte Debatte überrascht und betont die Vorteile für die Nut-zer: „Wir wollen das Leben unserer User effizienter gestalten und noch mehr personalisieren." Denn nicht jede Familie habe derzeit den perfekt zu ihr passenden Erstgeborenen. Deshalb will Facebook anhand von Fotos und „Gefällt mir"-Angaben auswerten, welcher Sohn am besten zu welcher Familie passt. So bekommt jede Familie genau den Sohn zugeteilt, der laut Facebook-Algorithmus perfekt passt.

Doch Kritiker zweifeln an der Umsetzung und vermuten, dass die Erstgeborenen niemals in die USA gelangen werden, sondern aus Steuergründen in Irland oder auf den Bahamas versteckt werden. Facebooks europäischer Anwalt von der Kanzlei Arschloch & Söhne war nicht für uns erreichbar, als wir von ihm wissen wollten, ob ausgeschlossen werden kann, dass die Erstgeborenen zu Marketingzwecken an PR-Agenturen oder Marketingfirmen weiterverkauft werden.

Der EU-Datenschutzbeauftragte Giovanni Buttarelli übt inzwischen scharfe Kritik an diesem tiefen Eingriff in die Privatsphäre. „Das werden wir uns nicht gefallen lassen. Es ist Zeit, den Kampf gegen Facebook aufzunehmen!", schreibt er heute Morgen auf seinem Facebook-Account.

Die Mehrheit der Bevölkerung kümmert sich wenig um die Änderungen und nutzt den Service weiterhin. Auch Peter N. aus Wien-Donaustadt versteht die Aufregung nicht: „Natürlich könnte ich mich bei Facebook abmelden und all das verhindern. Aber ich hab ja nix zu verbergen. Die ganze Nachbarschaft weiß, dass mein Sohn ein Trottel ist. Der hockt den ganzen Tag nur vor Facebook. Nehmt's eam hoid mit!"

 234 000 Leser   23 260 Shares

> *Stefan L.*: ich wart noch auf die künstliche befruchtung per „anstubsen" button.

> *Jürgen G.*: da gibts sicher einige die sich extra registrieren um den erstgeborenen loszuwerden.

> *Albrecht W.*: Ich widerspreche hiermit den neuen AGBs. Mein Erstgeborener ist schon Scientology versprochen …

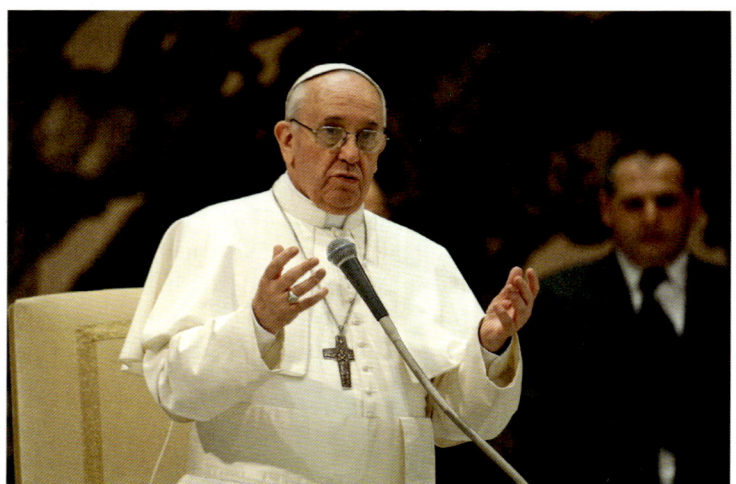

Papst: „Ja zu Hexenverbrennungen, aber würdevoll"

Klare Worte von Papst Franziskus bei einer Generalaudienz im Vatikan: Er gab ein Bekenntnis zu Hexenverbrennungen ab. Gleichzeitig stellte er jedoch unmissverständlich klar, dass dabei die Würde der zu Bestrafenden „keinesfalls angetastet" werden darf.

„Manchmal ist es unausweichlich, zu solchen Mitteln zu greifen", meinte er vor Gläubigen. „Doch die Würde des Menschen ist immer zu achten, denn nur Gott darf diese Würde nehmen. Demütigungen sind bei der Bestrafung am Scheiterhaufen zu unterlassen. So besagt es die heilige Bibel."

Die Äußerungen sorgten für Aufregung in liberalen Kreisen. Doch ein Sprecher des Papstes relativierte mittlerweile: „Papst Franziskus hat keinesfalls zur Verbrennung von Hexen eingeladen. Solange sich eine Hexe nichts zuschulden kommen lässt, ist sie nämlich nicht anzurühren."

Erst kürzlich sorgte der Papst für Aufsehen, als er auch das würdevolle Schlagen von Kindern für in Ordnung befand. Unter

Gläubigen kommen diese Äußerungen des Pontifex positiv an: „Ich finde es immer ganz besonders hilfreich, Erziehungstipps und Sexualratschläge von einem kinderlosen, keusch leben- den Senioren zu erhalten", so Luigi B. am Petersplatz in Rom zur **TAGESPRESSE**. „Bitte mehr davon!"

 100 380 Leser   27 000 Shares

Chio M.: Endlich ein Papst, der das Thema Hexenverbrennungen offen anspricht! Hoffentlich bekommen wir auch bald Aufklärung zu würdevoller Pädophilie!

Alexander T.: Am besten mit Kirschholz statt Fichte, ich denke das ist würdevoll.

Stefan S.: Möchte keine Schimpf- wörter gebrauchen, hätte er schon mal wirklich geliebt, oder eigene Kinder, würde er sicher anders denken, armes Schwammerl.

Pfuschskandal im Parlament: Rumänische Schwarzarbeiter als Nationalratsabgeordnete beschäftigt

Im Zuge einer Razzia wurden heute im Parlament mehr als zwanzig nicht angemeldete rumänische Schwarzarbeiter entdeckt. Sie mussten für einen Hungerlohn als Nationalratsabgeordnete arbeiten. Laut Finanzpolizei handelt es sich um den bisher größten Pfuschskandal der Innenpolitik. Alle Parteien sind involviert.

Kurz vor der Razzia: Frühmorgens begleiten wir die Finanzpolizei zum Parkplatz eines Baumarkts am Wiener Stadtrand. Der Arbeiterstrich. Verloren wirkende Männer sprechen osteuropäische Sprachen, rauchen nervös und sind bereit, für Geld jede Arbeit zu erledigen.

Dann fährt ein schwarzer Mercedes vor, das Fenster geht nach unten. Ein Mann mit Anzug und Sonnenbrille spricht einen der Arbeiter an: „Du mitkommen. Du heute arbeiten für ÖVP. Du machen Gesetzesnovelle und ich dir geben fünf Euro für Stunde. Basta?" Tagtäglich werden hier Männer mitgenommen und landen anschließend als Schwarzarbeiter im Parlament.

Kaum ein Österreicher geht heutzutage noch freiwillig ins Parlament, weshalb Arbeitskräfte dort Mangelware sind. „Die einzigen Österreicher, die noch im Parlament arbeiten, sind Modernisierungsverlierer. Menschen, die in der Privatwirtschaft keine Chance hätten und die einfach vom AMS ans Parlament zugeteilt wurden – so wie auch ich", erzählt ein Abgeordneter vom Team Stronach.

Einer der heute erwischten Schwarzarbeiter, der bisher unter falschem Namen für die NEOS arbeitete, erklärt sich bereit, anonym mit uns zu sprechen: „Ich bin gelernter Dachdecker aus Bukarest und habe gedacht, ich kann in Österreich einen guten Job finden." Der Mann wischt sich eine Träne aus dem Gesicht. „Und jetzt bin ich im Parlament gelandet und muss von früh bis spät Gesetze abwinken und Reden unterbrechen." Die meisten Schwarzarbeiter wollen ihren Familien die Schande ersparen und verschweigen, dass sie im Parlament arbeiten. Auch dieser Mann lügt seinen Verwandten zu Hause vor, dass er im Marchfeld als illegaler Erntehelfer tätig sei.

Ein Arbeitsrechtsexperte erklärt, warum neben der Gastronomie und dem Bau vor allem die Politik auf illegale Gastarbeiter setzt: „Als Mechaniker brauchst du einen Lehrabschluss. Als Doktor brauchst du ein Studium. Aber in der Politik fragt niemand, was du kannst, weil es einfach blunz'n ist."

Bereits heute hat Österreich einen Zahntechniker als Oppositionsführer und einen Taxifahrer als Bundeskanzler. Außerdem gibt es Gerüchte, wonach Eva Glawischnig noch vor dem Frühling als Grünen-Chefin abgelöst und von einer slowakischen Putzfrau ersetzt wird.

Der Fall weckt Erinnerungen an den letzten derartigen Skandal: Im Jahr 1999 arbeitete ein albanischer Roma unter dem Scheinnamen Karl-Heinz Grasser als Finanzminister. Bis heute gilt Grasser im Parlament als der effektivste und größte Pfuscher aller Zeiten.

 48 080 Leser ➤ 6220 Shares

Anmerker: Ich wusste gar nicht, dass im Parlament überhaupt gearbeitet wird (außer den Putzfrauen natürlich)!

Selbstüberschätzung im Schneechaos: Reinhold Messner nach Begehung von Schönbrunn vermisst

Österreich versinkt im Schnee. Doch trotz aller Warnungen ziehen die Schneemassen viele Adrenalinjunkies an, die es nicht lassen können – mit tragischen Folgen: Der bekannte Bergsteiger Reinhold Messner wird nach einer Begehung des Schlossparks Schönbrunn vermisst.

Am Montagmittag wollte er ganz alleine von der U-Bahn-Station Schönbrunn zur Gloriette aufbrechen. Doch als er dort bis zum Einbruch der Dunkelheit nicht ankam, wurden die Bergretter alarmiert. Bis jetzt fehlt von dem erfahrenen Alpinisten jede Spur.

In einer ersten Stellungnahme erklärte die Bergrettung, alles zu tun, um Messner zu finden. Doch es gibt Hoffnung: „Er hat zum Glück Erfahrung mit Extremsituationen: zwei Mal Mount Everest ohne Sauerstoffgerät, drei Mal K2 ohne Sauerstoffgerät, und einige Tausend Diavorträge vor Pensionisten mit Sauerstoffgeräten", meinte einer der beteiligten Retter.

Das Wetter hielt die Bergretter im Dauereinsatz. Nur Stunden zuvor musste eine schlecht ausgerüstete japanische Touristengruppe gerettet werden, die im Kronprinzengarten von der Schneefront überrascht und eingeschneit wurde.

Wie es zu Messners massiver Überschätzung der eigenen Fähigkeiten kam, ist unklar. Es gibt nur einen einzigen Augenzeugen: den *Österreich*-Reporter Chris K. (33). Er konnte gerade noch aus dem Schneechaos gerettet werden, als er versuchte, den besten Wetter-Liveticker aller Zeiten zu schreiben. Jetzt liegt er unterkühlt und traumatisiert im Wiener AKH. Über seine Erlebnisse kann er noch nicht sprechen: „Ich habe zu viel gesehen", sagt er über seinen riskanten Fronteinsatz.

DiE**TAGESPRESSE** erreichte einen ehemaligen Sherpa von Messner per Telefon, der sich gerade in einem Steilhang am Nanga Parbat befand. Ihm fehlten angesichts der traurigen Nachricht die Worte – möglicherweise auch deshalb, weil er kein Deutsch spricht und ebenfalls mit einem Schneesturm zu kämpfen hatte.

Nach mehreren fehlgeschlagenen Interview-Anläufen ging dem Sherpa leider sein Handyakku aus. Er schaffte es noch, uns eine SMS zu senden, die nur aus einem Wort bestand: „SOS" – vermutlich ein aufmunternder Berggruß in Sherpa-Sprache an seinen vermissten Freund Messner.

 85 380 Leser   9210 Shares

> *Andreas K.*: Treffen sich zwei Yetis. Sagt der erste: Du, gestern habe ich den Messner gesehen! Sagt der zweite: Was, den gibt's wirklich?

> *Werner K.*: Der is ja gar nicht in Schönbrunn angekommen … Der Reini is mit so nem Typen aus der U4 auf ein Bier gegangen …

> *Marion H.*: Ich stelle einen Suchtrupp zusammen – wer ist dabei – das Idol meiner Kindheit …

Foto: Fritz Jergitsch (Montage)

„Beleidigung des Verstands": Muslime, Christen und Juden fordern Abbildungsverbot von Richard Lugner

Von Wien bis Jerusalem ist es nach dem Opernball zu wütenden Protesten gekommen: Muslime, Christen und Juden fordern gemeinsam ein striktes Abbildungsverbot von Richard Lugner. Sie sehen in seinen medialen Abbildungen eine „Beleidigung des Verstands" und einen „Angriff auf die Normen der zivilisierten Gesellschaft".

Weltweit strömen Menschen auf die Straßen und verbrennen ausgedruckte Gutscheine der Lugner City. Sie können Lugners Taten nicht länger zusehen: Zahlreiche verwirrte junge Frauen in ganz Europa, die nach dem Sinn des Lebens suchen, lassen sich von der Propaganda Lugners verblenden und schließen sich ihm an. Einige heiraten ihn sogar.

Nach ihrer Rückkehr aus der Ehe mit Lugner sind sie oft schwer integrierbar. Laut Verfassungsschutz befinden sich aktuell allein in Österreich rund 67 Lugner-Rückkehrerinnen. Zum Schutz der Gesellschaft stehen sie Tag und Nacht unter Beobachtung durch ATV-Kameras.

Ein einflussreicher Imam aus Wien-Floridsdorf sagt gegenüber der **TAGESPRESSE**: „Es reicht! Wir müssen jetzt gemeinsam handeln. Zeigt von mir aus Mohammed, zeigt Jesus Christus und zeigt den Judengott. Aber die Meinungsfreiheit endet dort, wo der Society-Teil der Österreich-Zeitung anfängt."

Auch Papst Franziskus, der in letzter Zeit mit seinen schlagkräftigen Ansagen überraschte, unterstützt die Initiative: „Wer mir ein Bild von Richard Lugner zeigt, bekommt meine Faust zu spüren! Aber würdevoll."

Palästinenser und Israelis bilden seit heute Früh Menschenketten und beten gemeinsam für ein Abbildungsverbot Lugners. „In diesen schweren Stunden müssen wir zusammenstehen", sagt der junge Palästinenser Musa Arafat (21). „Der israelische Siedlungsbau ist mir jetzt egal. Immerhin werden die Siedlungen nicht von Lugners Baufirma errichtet", sagt er mit Erleichterung in der Stimme.

Richard Lugner selbst reagiert auf die Vorwürfe gelassen: „Mir ist komplett egal, was die Leute von mir denken, solange alle finden, dass ich reich, potent und sehr jung bin."

Schon nächste Woche holt er zum Gegenschlag aus und lädt zu einer Pressekonferenz mit seinem weltweit umstrittenen Schwiegersohn Helmut Werner. Eine weitere kalkulierte Provokation, die bereits einen neuen einflussreichen Feind geweckt hat: Das englische Königshaus forderte sofort nach Lugners Ankündigung ein striktes Abbildungsverbot von Helmut Werner, weil dieser die Grenzen der Meinungsfreiheit überstrapaziere. Er sieht nämlich aus „wie eine unnötig provokative Karikatur von Lady Diana".

 56 610 Leser   4520 Shares

> *Gaius R.:* Alle nur neidisch das der alde Sack den Islam austrickst in dem er sich seine 72 Jungfrauen vor dem Tod besorgt.

> *Karl L.:* Genau das will der damit erreichen ------------- Aufmerksamkeit

Foto: armadillostock/Fotolia.com, Astrid Knie/BMfBF
(Montage)

Neue EDV-Panne bei Zentralmatura: Alle Maturanten bekommen versehentlich Doktortitel verliehen

Nicht schlecht staunte Maturantin Ciara T. (17) aus Wien, als sie am Montag einen Brief vom Bildungsministerium im Briefkasten fand: „Sehr geehrte Frau T., hiermit wird Ihnen für Ihre Arbeit durch die Republik Österreich die Doktorwürde verliehen." Doch nicht nur an Ciara, auch an weitere 42 000 Maturanten wurde der Titel hochoffiziell verliehen.

Tatsächlich geschah dies aufgrund einer neuerlichen EDV-Panne im Bildungsministerium, wie ein Sprecher zerknirscht zugibt: „Bei der Prüfung der vorwissenschaftlichen Arbeiten kam es zu einem Fehler. Ein Sachbearbeiter klickte unglücklicherweise auf ‚Select All' und dann auf ‚Doktortitel verleihen'." Aufgrund eines automatisierten Prozesses ließ sich der Druck und Versand der Titel nicht mehr verhindern.

Sämtliche teilnehmenden Schüler der Zentralmatura dürfen nun den Titel im Namen führen. Und daran wird sie wohl auch niemand hindern: „Eine Aberkennung wäre nur durch einen komplizierten Gerichtsprozess möglich", erklärt Promi-Anwalt Manfred Ainedter. „Die Republik kann sich keine 42 000 Prozesse leisten. Vielleicht zwölf. Und neun davon führt sie bereits gegen meine Klienten."

Dr. Ciara T. freut sich: „Eigentlich wollt ich jetzt was mit Medien oder so machen, weil mir das Medizinstudium zu schwer ist. Aber jetzt, mit dem Doktor, will ich doch lieber Herzchirurgin sein, wie in Grey's Anatomy!"

Zumindest an öffentlichen Krankenhäusern wird ihr das auch problemlos möglich sein: Denn diese sind aus Gründen der Gleichbehandlung verpflichtet, Bewerber ausschließlich anhand ihrer akademischen Qualifikation und nicht nach Alter oder Geschlecht auszuwählen. Ist der leidige Ärztemangel in Österreich damit endlich vorbei?

„Nicht so vorschnell", meint der chefärztliche Leiter im AKH, Dr. Böhmer, auf Anfrage der **TAGESPRESSE**. „Wir werden diese Zentralmatura-Doktoren nicht so einfach an unsere Patienten ranlassen. Erst werden sie zumindest ein, zwei Wochen den erfahreneren Ärzten über die Schulter schauen."

Bildungsministerin Gabriele Heinisch-Hosek nahm auf ihrer Facebook-Seite Stellung: „Liebe Maturantinnen und Maturanten, ich ärgere mich über diesen Fehler genauso wie ihr." An der Behebung des Problems arbeiten bereits ein Techniker und sieben PR-Experten.

Vorwürfe an ihrer Bildungspolitik ließ die Ministerin allerdings nicht gelten: „Mein Bildungskonzept geht auf. So haben etwa seit meiner Amtsübernahme in diesem Land 51 300 Menschen ein Doktorat erhalten." Dies könne ihr so schnell keiner nachmachen.

Anmerkung: Die Einführung der Zentralmatura im Frühjahr 2015 verlief nicht ohne Pannen. Der Artikel wurde kurzzeitig vom deutschen Nachrichtensender n-tv übernommen.

 118 050 Leser   11 420 Shares

> *Gabriele H.:* Ich gratuliere allen 42.000 Dr. Und ich würde an eurer Stelle dafür kämpfen, den Titel zu behalten. Denn die Pannen der Zentralmatura machen unser ganzes Land im Ausland schon lächerlich.

Foto: Fritz Jergitsch (Montage)

„Fifty Shades of Grey"-Hype: IKEA präsentiert Folterkammer „Christian"

Der Hype um „Fifty Shades of Grey" erreicht seinen Höhepunkt: Der schwedische Möbelgigant IKEA präsentierte heute die neue Folterkammer „Christian", eine preisgünstige Sadomaso-Komplettlösung aus Massivholz, perfekt kombinierbar mit beliebten IKEA-Klassikern wie der Couch „Ektorp" oder dem Familienesstisch „Docksta".

„Sadomaso ist in der Mitte der Gesellschaft angekommen, auch in der Konsumwirtschaft. Unser Fokus liegt auf anschwellendem Wachstum", erklärt IKEA-Produktentwickler Billy Klippan (34). „Folterkammern sind heute nicht mehr nur was für missratene Millionäre. Mit IKEA werden Folterkammern jetzt endlich auch für den durchschnittlichen, ganz normalen Psycho erschwinglich."

Klippan führt durch die Wohnmöbelabteilung der IKEA-Filiale Vösendorf und zeigt ein fertig aufgebautes „Christian"-Set. „Das erste intensive Foltererlebnis hat der Kunde bereits beim Aufbauen. ‚Christian' besteht nämlich aus 1203 Einzelteilen." Sie ergeben korrekt zusammengebaut einen Sklavenkäfig, eine Streckbank, einen Pranger und ein Kreuz in Menschengröße. Beworben wird die Kammer mit dem Slogan „Wohnst du noch, oder leidest du schon?".

Laura K. (39) und ihre Freundinnen sind begeistert vom Komplettset „Christian": „Seit wir Fifty Shades of Grey gesehen haben, sind wir sicher, dass wir alle auf Sadomaso voll abfahren. Selbst probiert habe ich es aber noch nie." Das Set wollen sie sich „bestimmt ansehen".

Nicht nur IKEA spürt die Auswirkungen des Hypes. Auch Saudi-Arabien entwickelt sich momentan zu einem Mekka für „Fifty Shades of Grey"-Fans: Das Königshaus hat nämlich in einer Fatwa angekündigt, alle Kinobesucher des Films zur Strafe zu fesseln, ihnen die Augen zu verbinden und sie hart auszupeitschen.

„Das klingt richtig geil", befindet Laura K. „Vielleicht machen wir zu meinem Vierziger nächste Woche statt einem Thermenbesuch in Loipersdorf einen Mädlsausflug nach Saudi-Arabien. Wir sind alle sehr offen und ausgeflippt."

Neben dem Folterset „Christian" gibt es im IKEA-Restaurant auch eine familienfreundliche Möglichkeit, in die trendige Sadomaso-Welt einzutauchen: Bondage-Mundknebel in Fleischballform. „Statt einem roten Gummiball gibt's jedoch ein Köttbullar-Fleischbällchen!", sagt Klippan und führt das Gerät direkt vor. „Man fühlt sich danach wie nach einem perfekten IKEA-Besuch: dreckig, gedemütigt, aber irgendwie befriedigt."

Anmerkung: Der Artikel erschien mitten im Hype um die Verfilmung von „Fifty Shades of Grey". IKEA Österreich postete den Artikel auf der eigenen Facebook-Seite.

 120 600 Leser   22 860 Shares

Peter B.: Wollte sie grad kaufen, aber bei IKEA Amstetten ist sie leider schon ausverkauft!

Silke S.: Jetzt geht sicherlich mit einigen die Fantasie durch. Was man wohl mit einem Billy-Regal alles anstellen könnte …

Foto: Rotes Kreuz, ServusTV (Montage)

Tragisch: ServusTV verliert bei Verkehrsunfall alle fünf Zuseher

In der Nacht auf heute hat ein tragischer Verkehrsunfall den Privatsender *ServusTV* praktisch mit einem Schlag eliminiert. Bei einem Autounfall in der Nähe von Bischofshofen wurden alle fünf *ServusTV*-Zuseher tödlich verletzt.

Bei den Opfern handelt es sich um ein 70-jähriges Ehepaar, das früher an der Oper tätig war, sowie um drei Geschwister im Alter von 50 bis 55 Jahren, die in einem Naturpark als Eichhörnchen-Trainer arbeiteten. Beide Autos gerieten bei einem Überholmanöver ins Schleudern.

Die Wagen waren mit überhöhter Geschwindigkeit unterwegs, da die Insassen es eilig hatten und rechtzeitig nach Hause wollten. Dort wollten sie sich den *ServusTV*-Themenabend über historische Pinzgauer Lederhosenfabrikanten des Spätbarock ansehen.

Der Schock in der *ServusTV*-Redaktion sitzt tief, vor allem deshalb, weil es in den letzten Monaten quotentechnisch stets bergauf ging. *ServusTV* konnte seinen Marktanteil zuletzt fast verdoppeln – von drei Zusehern im Jahr 2013 auf fünf Zuseher im Jahr 2014. „Und das vor allem in der für uns wichtigen, werbeirrelevanten Zielgruppe der 69- bis 85-jährigen Philosophie-professoren mit Modelleisenbahn", wie der *ServusTV*-Presse-sprecher erklärt.

Am Unfallort stellten Redakteure Red-Bull-Dosen in Herzform auf, um der Hinterbliebenen zu gedenken. Wie es nun weitergeht, ist noch nicht klar. Red-Bull-Chef Dietrich Mateschitz zeigt sich kämpferisch und will weitermachen, wie er unter Tränen erklärt: „Ich bin mir sicher, dass wir irgendwann wieder Zuseher finden, die in unser Profil passen."

Als erster Schritt startet noch im März ein Assessment-Center, wo unter mehreren Teilnehmern einige Kandidaten ausgewählt werden, die anschließend 1400 Euro pro Monat bekommen, um *ServusTV* zu schauen.

Dieser tragische Unfall ist nicht der erste Schock, der die öster-reichische TV-Landschaft erschüttert. Auch der Konkurrent ORF erlebte im Jahr 2012 eine Tragödie: Ein voll besetzter Audi krachte damals an einer Kreuzung in Wien mitten in eine Tierhandlung. Die Feuerwehr konnte zwei 130-jährige Schildkröten nur mehr tot bergen. Damit verlor der ORF mit einem Schlag die gesamte Ent-wicklungsabteilung.

 59 960 Leser ➤ 5960 Shares

Wolfgang C.: Naja, manchmal kann Satire auch den Kopf des Nagels verfehlen … Aber immerhin hätten diese 5 Seher qualitativ hochwertiges TV konsumieren können.

Österreich bis 2016 ohne Kanzler: Werner Faymann geht in Bildungs- karenz

Da Werner Faymann seine geplante Bildungskarenz genehmigt bekommen hat, wird die Republik Österreich bis Anfang 2016 ohne Bundeskanzler auskommen müssen. Aus der SPÖ hört man, dass die offene Stelle des Bundeskanzlers „eventuell ganz eingespart werden könnte".

Wir treffen Werner Faymann an seinem ersten Tag in Bildungskarenz. Zu Hause packt er Stifte und Radierer in einen Jansport-Rucksack, seine Frau legt ihm noch ein Dreh und Trink ins Jausensackerl. Mit einem Lächeln im Gesicht zeigt er uns die Kurse, die er in diesem Jahr an der VHS Hietzing belegen wird: „,Photoshop für Inserat-Gestaltung', ,Sozialdemokratie für Fortgeschrittene' und ,Englisch für Taxifahrer'."

Inzwischen ist es 9 Uhr und der erste Kurs steht an. Seine Kollegen an der VHS akzeptieren ihn als ganz normalen Mitschüler, wie Kursteilnehmer Nenad Simkovic (17) erklärt: „Klar ist es komisch, dass ich als Installateur auf einmal in derselben Klasse sitze wie der Herr Bundeskanzler. Aber da gibt's überhaupt keine Arroganz: Ich lasse den Faymann keine Sekunde spüren, dass ich was Besseres bin."

Mindestens 20 Stunden pro Woche muss sich Faymann laut Gesetz weiterbilden. Der Kanzler wirkt motiviert und will endlich nachholen, was er in jungen Jahren verpasst hat: „Ich werd' mich heuer richtig reinstrebern. Ich will mich nicht mehr länger mobben lassen, weil ich jahrelange Lücken im Lebenslauf habe!", erklärt Faymann. Denn tatsächlich: Sein bisher einzig nachweisbarer Bildungsabschluss war im Jahr 1976, als er im dritten Anlauf die Steirische Matura bestand (Anm.: vier Jahre Hauptschule, ein Jahr Tanzschule).

Faymanns Büro wurde inzwischen geräumt. Sämtliche Agenden des Kanzlers werden interimistisch von SPÖ-Praktikant Julian (16) übernommen. Wie es danach weitergeht? Der Pressesprecher spekuliert: „In Zeiten wie diesen dürfen wir Sozialdemokraten nicht überstürzt langfristig denken, sondern müssen uns kurzfristig ausrichten. Die Frage ist, ob es 2016 mit der SPÖ generell überhaupt noch weitergeht."

Faymann bekommt von dem politischen Geplänkel derzeit nichts mit. Müde, aber zufrieden kehrt er vom Kurs nach Hause zurück, schreibt seine Hausübung und klebt sich selbst mehrere Sternchen ins Heft: „Weil Leistung muss in diesem Land endlich auch wieder belohnt werden", lächelt Faymann, wirft sich in den Pyjama, dreht das Licht ab und schläft ein. Wir verlassen das Zimmer, sehen noch einmal, wie der sternenklare Himmel durch das Fenster auf sein Gesicht leuchtet, und erkennen: The sky is the limit.

 77 850 Leser   12 060 Shares

Johannes S.: jetzt wissen wir wenigstens, dass er nicht da ist. bisher galt da eher das prinzip „schrödingers katze": wenn man nicht in sein büro geschaut hat, hätte man nicht gewusst, ob er im amt ist oder nicht.

Belinda: Schiach ist er ja nicht. Aber er ist trotzdem nicht mein Typ. Auch wenn er jetzt auf intellektuell macht.

Nach Windgeschwindigkeiten bis zu 7 km/h: WU über Nacht eingestürzt

Das war wohl zu erwarten: Nach herabfallenden Betonplatten und Deckenlampen stürzte heute Nacht schlussendlich das gesamte Hauptgebäude der Wiener Wirtschaftsuniversität in sich zusammen.

Starke nächtliche Winde mit Böen bis zu 7 km/h dürften das Gebäude zum Einsturz gebracht haben. Andere Ursachen, etwa Nieselregen oder ein Vogel, der sich auf das Dach setzte, können laut Feuerwehr jedoch ebenfalls noch nicht ganz ausgeschlossen werden. Der WU-Campus wurde erst 2013 erbaut.

WU-Studentin Anna-Marie C. (19) dürfte eine der Ersten gewesen sein, die vom Unglück Notiz nahmen. Kurz nach 8 Uhr morgens postete sie auf Facebook: „Das WLAN in der WU funktioniert heute mal wieder überhaupt nicht!! #epicfail".

Dass das gesamte Gebäude jedoch zu diesem Zeitpunkt bereits komplett in Schutt und Asche lag, fiel erst dem WU-Rektor Christoph Badelt persönlich auf, der wie jeden Morgen die in der Nacht herabgefallenen Betonplatten zählen wollte: „Kurz nach meinem Eintreffen stellte ich fest, dass offenbar sämtliche Betonplatten herabgefallen waren. Bei einer eingehenden

Ursachensuche erkannte ich dann, dass das Gebäude rundherum ebenfalls fehlte."

Die Nachricht vom eingestürzten Gebäude stieß unter Studenten auf große Anteilnahme. Als Zeichen der Trauer und Solidarität kündigten viele an, ihre Hemdkrägen heute heruntergeklappt zu tragen.

Der Einsturz der WU wirft die Frage auf, ob die Wirtschaft in den kommenden Monaten ausreichend mit Arbeitskräften versorgt werden kann, die Zahlen in Excel-Listen eintippen können. Das Wirtschaftsministerium überlegt daher nun die Anwerbung von Gastarbeitern aus dem Ausland.

Anmerkung: Nachdem sich bereits mehrere Betonplatten von der Fassade der neuen WU in Wien gelöst hatten, fielen irgendwann auch Deckenlampen herab.

 103 790 Leser 16 520 Shares

Kiki H.: Hat sich da jemand nicht ans Nies- und Hustverbot gehalten?

Patrick M.: Zu den Deckenlampen: Das Gespräch beim Montieren dürft ungefähr so gewesen sein: „He, host du no 12er-Dübeln?" – „Na … owa nimm afoch zwa 6er, san a 12e."

Christoph W.: Denkt denn niemand an die Excel-Listen???

Putin bestreitet, hinter der Entsendung Spindeleggers in die Ukraine zu stecken

Kaum einigten sich die Kriegsparteien auf einen Waffenstillstand, droht dem ukrainischen Volk neues Ungemach: Michael Spindelegger wurde gestern zum Direktor einer ominösen „ukrainischen Modernisierungsagentur" (sic!) ernannt. Die Hintermänner sind unklar, doch der russische Präsident Wladimir Putin bestritt bereits jede Beteiligung.

„Ich kann voll und ganz ausschließen, dass Russland dahintersteckt", erklärte er vehement. „Die Ukrainer sind unsere Freunde. Und Freunden schickt man keinen Spindelegger." Putin vermutet hinter der Entsendung vielmehr eine Verschwörung des Westens: „Da will mir jemand wieder irgendwas in die Schuhe schieben, um mich schlecht dastehen zu lassen."

Unter den Ukrainern sorgte die Meldung für Entsetzen. Igor B., Taxifahrer in Donezk, meinte in einem Interview mit CNN: „Erst haben sie unsere Felder und Häuser zerstört. Jetzt soll das wenige, was wir noch haben, auch noch entfesselt werden. Wir haben genug gelitten."

Die Nachricht über die Entsendung des österreichischen Ex-Vizekanzlers in das Krisengebiet stieß international auf

Empörung. „Wir stehen in diesen Stunden hinter dem ukraini-schen Volk", ließ US-Präsident Obama in einer Pressekonferenz um 4 Uhr früh wissen. „Die Ukraine darf nicht dasselbe Schicksal erleiden wie Österreich. Putin geht zu weit."

Obwohl eine Beteiligung Putins wohl nicht nachweisbar wäre, profitiert er am meisten, wie Polit-Experte Peter Filzmaier analy-siert: „Mit Spindelegger bewegt sich die Ukraine nicht mehr wei-ter in Richtung Westen. Allerdings auch nicht in Richtung Russ-land. Genau gesagt bewegt sie sich dann nirgendwo mehr hin."

Anmerkung: Im März wurde bekannt, dass Spindelegger eine Modernisierungsagentur für die Ukraine leiten wird.

37 800 Leser   5230 Shares

Alfred F.: So eine Lüge glaubt ihm nie-mand! Jetzt hat er der Ukraine jedenfalls den schwersten Schaden überhaupt zugefügt …

Andi B.: Kiew darf nicht Hinterbrühl werden!

Neue Struktur: Hypo wird von „Bad Bank" in „Very Very Bad Bank" umgewandelt

Da sich bei der Hypo-Abwicklungsbank Heta ein Finanzloch aufgetan hat, ziehen die Verantwortlichen jetzt die Reißleine: Die bisher agierende „Bad Bank" wird mit sofortiger Wirkung in eine „Very Very Bad Bank" umgewandelt.

Damit werden Gläubiger der Bank auf ihr Geld verzichten müssen. Österreichs Ruf am Finanzmarkt ist ruiniert, wie ein Ökonom der Harvard-Universität erklärt: „Stellen Sie sich vor, Sie geben jemandem Ihr Kind zum Babysitten, der seit Jahrzehnten auf alle Kinder in der Nachbarschaft gut aufgepasst hat. Und auf einmal stehen Sie an der Tür und derjenige meint: ‚Äh, kleines Problem heute: Sie bekommen von Ihrem Kind leider nur mehr 20 Prozent zurück.'"

Auch die Rating-Agentur Standard & Poor's reagierte und stufte die Heta von „Ramschstatus" eine weitere Stufe herab auf „Mülldeponie". Nun droht sogar noch die Herabstufung auf die allerunterste Stufe „Kann man nicht mal mehr bei *Willhaben* verkaufen".

Im Parlament gehen unterdessen die Wogen hoch: „Jetzt müssen wir alle den Gürtel enger schnallen", mahnt Finanzminister Schelling (ÖVP) bei einer emotionalen Rede im Parlament. „Und mit ‚wir' meine ich die einfachen Leute da draußen." Ein Kichern geht durch das Parlament.

Während die Politik noch nach der Ideallösung sucht, hat die Bevölkerung diese schon gefunden: HC Strache. „Was diese rot-schwarze Proporzregierung da seit Jahren macht, ist zum Spei-ben. Ich wähl blau, weil unterm Strache hätt's das ned gegeben!", zürnt ein Turnlehrer, den wir zum Thema befragen. „Aber kön-nen Sie sich nicht erinnern, dass die schwarz-blaue Regierung damals das ganze Finanzdesaster erst eingeleitet hat?", haken wir nach. „Lalalalala", murmelt der Befragte vor sich hin, hält sich die Ohren zu und spaziert fröhlich davon.

Für den damaligen ÖVP-Finanzminister Josef Pröll könnte es im Hypo-U-Ausschuss bald ernst werden. Noch streitet er jedoch jede Verantwortung ab und steht sogar voll und ganz hinter der „Very Very Bad Bank". Pröll gab sich passend dazu diese Woche selbst ein Bad-Boy-Image und wird den Hypo-U-Ausschuss mit offenen Schnürsenkeln betreten.

„Außerdem lass ich mir die Anzughose auf baggy bis in die Knie hängen", erzählt Josef Pröll, den wir treffen, als er sich gerade einen dreißig Zentimeter großen Totenkopf in sein Doppelkinn tätowieren lässt.

Dass Josef Pröll inzwischen für Raiffeisen arbeitet, ist kein Zufall. Denn wenn dort ab 2016 die Kredite am Balkan und in Südosteuropa ausfallen, wird die ohnehin schon angeschlagene Raiffeisen in eine neue, zukunftsweisende Konstruktion um-gewandelt: Im Jahr 2020 wird sie die weltweit erste „Extremely Fucking Bad Bank".

 26 840 Leser 3200 Shares

Wolfgang M.: ich hab geglaubt, „bad bank" ist ein kurort für bankiers …

Gudrun E.: Die nächste Stufe wird wohl „Schwar-zes Loch" sein – Geld verschwindet dort spurlos.

Foto: Photographee.eu/Fotolia

Schockierende Entdeckung: Staatsanwalt im Fall Grasser seit acht Jahren im Wachkoma

Eine schockierende Entdeckung machten gestern Beamte der Wiener Korruptionsstaatsanwaltschaft. Robert G. (58), ermittelnder Staatsanwalt in der Causa Grasser, befindet sich offenbar seit acht Jahren in einem Wachkoma. Damit dürfte das Rätsel um die langen Ermittlungszeiten geklärt sein.

Seit 2008 saß G. regungslos vor seinem eingeschalteten Büro-Computer, ohne dass seinen Kollegen etwas Außergewöhnliches auffiel. Misstrauisch wurden sie erst, weil G. vor einigen Tagen seinen 58. Geburtstag feierte und trotzdem noch keinen Antrag auf Frühpension gestellt hat.

Das Grasser-Verfahren soll nun an einen neuen Staatsanwalt übergeben werden, bestätigt ein Justizsprecher. Eine diesbezügliche Evaluierung zur Erstellung eines Vorhabensberichts, um die Einleitung eines ordentlichen Verfahrenswechsels zu beantragen, sei in Arbeit und könnte bereits 2021 fertiggestellt sein.

Überrascht zeigte sich auch Karl-Heinz Grasser selbst, den wir in Velden am Wörthersee beim Herrenstylisten antreffen. Er kennt den Staatsanwalt persönlich, und das seit bereits neun Jahren. „Mir ist während der stundenlangen Verhöre nichts Ungewöhnliches aufgefallen. Ich dachte immer, er ist einfach ein guter Zuhörer", erzählt der Ex-Finanzminister.

„Dass er sich während unserer gemeinsamen Gespräche im Wachkoma befunden hat, schockiert mich zutiefst. Ich wünsche dem Robert, dass er bald wieder aufwacht. Nicht zuletzt deswegen, damit ich endlich alle Anschuldigungen gegen meine Person vollständigst widerlegen kann."

Denn auch Grasser leidet bereits sehr unter der langen Verfahrensdauer: „Man fühlt sich so ohnmächtig. Aber wenn der Robert wieder aufwacht, wird er ja dann wissen, wie sich das anfühlt."

 39 770 Leser ➤ 4670 Shares

> *Natalie P.*: Dachte mir, das sei der „Medusaeffekt", der auftritt, wenn man der Fiona zu lang ins Gesicht schaut!

> *Paula P.*: ist das ein scherz? in der zeit keine anderen vorhanden? war er nicht in krankenstand?

Foto: Martin Juen (Montage)

Rechnungshof kritisiert geplante Gegenfinanzierung der Steuerreform durch Kauf von 100 Rubbellosen

In einem aktuellen Bericht kritisiert der Rechnungshof neue Pläne der Regierung, 1 Milliarde Euro zur Finanzierung der Steuerreform durch den Kauf von 100 Rubbellosen einzunehmen.

Der Präsident des Rechnungshofs, Josef Moser, erklärt lapidar: „Wir glauben, dass sich die Steuerreform mit Rubbellosen nicht vollständig finanzieren lässt." Auch die anderen heißen Eisen der Regierung, wie etwa eine Strafsteuer auf Selfie-Sticks sowie eine verheißungsvolle E-Mail eines nigerianischen Prinzen an einen Cousin von Bundeskanzler Faymann, werden vom Rechnungshof kritisch beäugt.

Faymann lässt die harte Kritik jedoch kalt: „Mein Großvater hat einmal 1000 Schilling mit einem einzigen Rubbellos gewonnen. Man muss sich also nicht mit Zahlen und Nummern auskennen, um zu erahnen, wie viel man dann bei 100 Losen gewinnen kann."

Für ihn stehe die Finanzierung der Steuerreform auf sicheren Beinen: „Schon mein Großvater hat immer gesagt: Glaub ans Glück! Und dieses altbewährte Motto bildet das Fundament unserer verantwortungsvollen, zukunftsweisenden Budgetpolitik."

Auch Vizekanzler Mitterlehner zeigt sich beim Ministerrat unbeeindruckt und hebt die Vorteile hervor: „Wir von der ÖVP sehen die Akquisition von 100 Rubbellosen als wichtigen Impuls zur Ankurbelung des Konsums." Dieser werde sich durch höhere Steuereinkünfte „x-fach" wieder rechnen.

Stolz hebt Faymann abschließend ein Bündel von acht schon gekauften und aufgerubbelten Losen hoch: „Mit diesen Losen konnten wir bereits 23 Euro in die Staatskasse spülen. Das ist ein vielversprechender Anfang."

Auf die Frage, ob denn Einsparungen zu erwarten seien, bekräftigten beide: „Über Einsparungen muss immer offen diskutiert werden. Da gibt es keine Tabuthemen, außer die Umsetzung in die Praxis."

Anmerkung: Anfang März präsentierte die Regierung ihre Steuerreform. Die Gegenfinanzierung erwies sich dabei als mehr als fragwürdig.

 62 100 Leser 10 560 Shares

Stefan L.: ist doch eine vorhersehbare entwicklung. hirnlos → planlos → rubbellos.

Matthias S.: Oder man geht mit den gesamten Steuereinnahmen ins Casino und setzt auf eine 50%-Chance. Das einzige Problem ist die Entscheidung: Rot oder schwarz?

Mehr Sicherheit für Fahrer: FIA plant Überholverbot während Formel-1-Rennen

Sicherheit geht vor – dieses Credo gilt auch im Motorsport. Die FIA überlegt daher jetzt ein Überholverbot während der gesamten Dauer eines Formel-1-Rennens. Damit sollen Fahrer an riskanten, teils lebensgefährlichen Fahrmanövern gehindert werden.

„So eine Regelung ist längst überfällig", bestätigt Formel-1-Boss Bernie Ecclestone in Monaco gegenüber der **TAGESPRESSE**, als er gerade seine aktuelle Freundin von der Schule abholt. „Die Autos fahren extrem schnell, die Strecken sind teils sehr kurvig. Alles andere als ein Überholverbot wäre unverantwortlich." Im regulären Straßenverkehr seien solche Regelungen bereits längst gang und gäbe.

Ecclestone zufolge würden gefährliche Überholmanöver und Duelle auf engstem Raum ohnehin nur davon ablenken, was in der Formel 1 wirklich wichtig ist: „Nämlich unsere Sponsoren."

Der mächtige Formel-1-Boss ist überzeugt, dass ein Überholverbot das zuletzt gesunkene Interesse am Sport wieder steigen lassen wird. „Wenn das Rennen geordneter abläuft und nicht jeder Fahrer verantwortungslos kreuz und quer düst, können die

Zuschauer die Autos viel besser bewundern und den Klang der Motoren in aller Ruhe genießen", meint er.

Auch jüngste Bestrebungen, die Königsklasse ökologisch nachhaltiger zu machen, werden demnächst ausgeweitet. Neben den Spritverbrauchsgrenzen überlegt Ecclestone jetzt auch Fahrgemeinschaften während der Rennen: „Jeder Teilnehmer hat ja dasselbe Fahrziel: die Ziellinie. Wieso muss also jeder in einem eigenen Auto sitzen?"

 70390 Leser   11550 Shares

Patrick R.: Tempo 100 IG-L wär ebenfalls eine Überlegung wert!

Thomas P.: Das Telefonieren am Formel-1-Steuer sollte auch verboten werden.

Markus E.: Und wenn jemand einen Unfall baut, sollte eine Rettungsgasse gebildet werden!

Sparmaßnahmen: Bundesheer absolviert Militärübungen nur noch mit „Call of Duty"

Drastische Schritte verkündete heute Verteidigungsminister Gerald Klug: Angesichts der angespannten Budgetsituation beim Heer werden alle Militärübungen ab sofort nur mehr mit dem Ego-Shooter „Call of Duty" absolviert. Alle Übungen mit echtem Gerät werden dagegen abgesagt.

„Die Entwickler haben extra eine Version für das Bundesheer kreiert", erklärt Brigadier Hermann L. und zeigt uns die Verpackung von „Call of Duty – Austrian Warfare, Oida!". Dafür wurde nicht nur die KI (Anm.: Künstliche Intelligenz) um einige Stufen zurückgesetzt. Es wurden auch spezielle Landkarten integriert, die das österreichische Heer in seiner gewohnten Umgebung zeigen, wie etwa das Marchfeld, die Tiroler Berge oder das Rotlichtviertel in Wien.

Zusätzlich zu den normalen Waffen gibt es außerdem mehr als 50 verschiedene weiße Fahnen, mit denen man sich in unterschiedlicher Stärke ergeben kann. Außerdem trifft man im Spiel auf betrunkene Offiziere, die man vor Friendly Fire schützen muss, sowie diverse Eurofighter, die immer wieder wahllos von oben herabstürzen.

Besonders herausfordernd für die Rekruten ist die Mission „Snow Patrol": Mit einer Gruppe von anderen Rekruten muss man acht Stunden lang wiederholt die X-Taste drücken, bis die gesamte Kaserne vom Schnee geräumt ist.

„Anfangs war ich ja sehr skeptisch, aber man gewöhnt sich daran", erzählt Brigadier Hermann L., der seit Jahrzehnten beim Heer tätig ist. Lediglich die „sehr unrealistische Grafik" störe ihn: „Diese Figuren im Computerspiel sind durchtrainiert und haben kantige Gesichter. Mit den aufgedunsenen Wimmerlgsichtern, die da jedes Jahr bei uns als Rekruten anfangen, haben die nix gemeinsam."

Ein Lokalaugenschein am Truppenübungsplatz Allentsteig: Auf mehreren Reihen Heurigenbänken stehen Dutzende Xbox-Konsolen, die von mehreren Soldaten bedient werden. Dazwischen läuft der Kommandant von Bildschirm zu Bildschirm und gibt Befehle.

Plötzlich schreit ein Soldat auf. Seine Spielfigur wurde getroffen. Auf dem Bildschirm neigt sich die Lebensenergieanzeige dem Ende zu. Um zu überleben, stürmt der Soldat mit seiner Figur ein Wirtshaus, schießt den Dorfalkoholiker von der Bar und kippt schnell ein Bier, bis endlich die Energieanzeige wieder ansteigt.

Erst spät in der Nacht zieht der Offizier den Stecker. Bilanz des Tages: Vier Schlachten wurden verloren, acht Schlachten wurden klar verloren. Ein Soldat muss mit dem Notarztwagen abtransportiert werden, da er sich beim Spielen einen Hexenschuss zugezogen hat.

Hier sieht Minister Klug auch den Nachteil der Online-Übungen: „Die Soldatna sitzen nur herum, haben Kreuzschmerzna und setzen schon einen Bauch an. Die brauchen mehr Bewegung und Sport." Da die Fitnessgeräte in den Kasernen aber noch aus der K.u.k.-Monarchie stammen, wurden die Rekruten vorerst aufgefordert, täglich mindestens zwei Stunden lang FIFA auf der Xbox zu spielen.

 81 540 Leser   11 520 Shares

Clemens K.:
Call of Doppler!

Alex W.: Ja klar … Als ob sich das Bundesheer so viele Xbox-Konsolen leisten könnte.

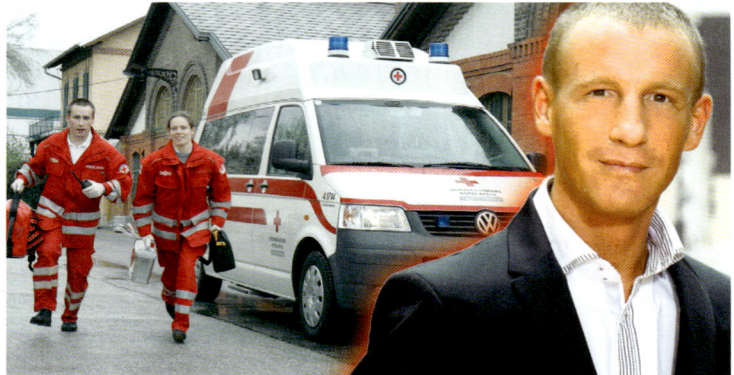

Foto: ÖRK/Anna Stöcher, Parlamentsdirektion/Wilke (Montage)

Sonnenfinsternis: Rotes Kreuz versorgt Stefan Petzner mit Notfall-Solarium

Das Rote Kreuz hat heute Vormittag eine Katastrophe verhindert: Der Ex-Politiker Stefan Petzner wollte sich in Wien bei strahlendem Frühlingswetter bräunen, als er plötzlich von der partiellen Sonnenfinsternis überrascht wurde.

Er konnte gerade noch rechtzeitig Hilfe anfordern. Das Rote Kreuz reagierte schnell und rückte mit einem mobilen Notfall-Solarium aus. Die Sanitäter leiteten noch vor Ort bräunungserhaltende Maßnahmen ein.

Ein nervenaufreibender Einsatz folgte: „Der Patient wurde sofort drei Mal für je zehn Minuten mit höchster UV-Strahlenkonzentration behandelt. Er hat dabei mehrmals geschrien, die Sonnenfinsternis sei sein persönliches Fukushima. Wir haben ihn nach der Notbräunung mit kühlender Après-Sun-Lotion und duftendem Avocado-Öl eingerieben", erzählt Sanitäter Jan Pöltner (47).

Im Anschluss wurde Petzner ein vitalisierender Detox-Smoothie verabreicht. „Das künstliche Sonnenlicht ist selbst für tägliche Anwender sehr anstrengend, also haben wir ihn in die stabile Seitenlage gebracht und einen kontrollierten Powernap eingeleitet", so Pöltner, der noch deutlich das Adrenalin in seinem Körper spürt: „So ein Einsatz geht auch einem erfahrenen Profi nahe."

Im Schatten des Rettungswagens sitzt der bestürzte Zivildiener Simon Spornberger (18) unter einer Alu-Decke. Er erlitt während des Notfalls einen Schock und meint: „Er hätte fast sein Leben als Dandy der Nation verloren. Wären wir nur einige Augenblicke später gekommen, wäre er vielleicht nie mehr in den Praterdome reingekommen."

ORF-Meteorologe Marcus Wadsak verurteilt Petzners Verhalten als grob fahrlässig. Die partielle Verdunkelung durch den Mond könne beim Sonnen dazu führen, dass Hautflächen entstehen, die leicht heller sind als der restliche Körper. Für Wadsak besteht in diesem Fall riskante Selbstgefährdung: „Petzner hat heute seinen gleichmäßig gebräunten Beachbody aufs Spiel gesetzt."

Sobald Petzner stabil ist, wird er vom Roten Kreuz zur Nachbehandlung in das nächstgelegene Sonnenstudio eingeliefert. Die Ärzte hoffen, ihn nach einigen Tagen bereits in die häusliche Bräunung entlassen zu können.

Anmerkung: Mitte März gab es in Österreich eine partielle Sonnenfinsternis zu sehen.

 238 690 Leser ➤ 31 100 Shares

> *Jochen J.*: Über Österreich lacht die Sonne, über Petzner die ganze Welt.

> *Hermann H.*: Hoffentlich gebens seim Delphin-tattoo genug Wasser, net dass es dadurch gach austrocknet.

> *Claus Z.*: Der Sonnenbankier ist gerettet!

Foto: Luna Filmverleih/Montage

Tom Turbo bricht sein Schweigen: „Musste mich für eigene Sendung im ORF hochschlafen"

TV-Star Tom Turbo will nicht länger schweigen und packt aus: Er habe im ORF nur Karriere machen können, indem er sexuelle Beziehungen mit Sendungsverantwortlichen eingegangen ist. Das gesteht er in einem Exklusiv-Gespräch mit der **TAGESPRESSE**.

Tom Turbo wirkt gebrochen, als wir ihn in einem Café in der Wiener Innenstadt treffen. Um nicht erkannt zu werden, trägt er eine schwarze Sonnenbrille, hat die Kapuze seines Sweaters tief ins Gesicht gezogen und sich eine Zigarette zwischen die Speichen geklemmt. „Ich komme aus einer ziemlich ärmlichen Familie. Meine Mutter war Stützfahrrad, mein Vater war Rücktrittfahrrad. Aber ich wusste, ich wollte mehr vom Leben."

Doch als Tom Turbo damals seine Idee für eine Rad-Detektiv-Serie präsentierte, machte man ihm am Küniglberg sofort die Aufnahmekriterien des ORF klar: „Entweder du wirst Mitglied bei einer Partei oder du schläfst mit den richtigen Leuten, haben sie mir gesagt."

Die Schande und Scham einer Parteimitgliedschaft hätte er nicht ertragen, meint er. Herr Turbo hatte also nur mehr eine Option und ging sexuelle Kontakte mit Produzenten ein, um seine Sendung auf den Bildschirm zu bringen.

„Die Anmachversuche waren teilweise so plump, dass man nur den Kopf schütteln kann", erzählt Tom Turbo. Ein Produzent habe ihm beim Casting sanft über die dicken Rad-Lippen gestreichelt und zwinkernd gefragt, ob er auch „Trick 69 beherrsche und ihm mal seine Pumpe aufblasen könne".

Der Einzige, der stets ehrlich zu ihm stand und von all dem nichts wusste, war sein Freund Thomas Brezina. Er ist es auch, der die Erlebnisse der Vergangenheit nun gemeinsam mit Tom Turbo in einem skandalösen Aufdeckerbuch verarbeitet, das ab Sommer erhältlich sein wird unter dem Titel: „Der Küniglberg des Grauens. Tom Turbos turbo-erniedrigendste Erlebnisse".

Wir haken nach und wollen wissen, ob auch die aktuelle ORF-Führung in die Vorfälle verwickelt ist. Als Tom Turbo die Namen Wrabetz und Zechner hört, lenkt er vom Thema ab und spricht über das schöne Wetter. Doch die Tränen, die neben seiner Brille bis hinunter auf sein Licht kullern, sind uns Antwort genug.

Am Ende lässt Tom Turbo dann noch mit der größten Enttäu-schung seines Lebens aufhorchen: „Was niemand weiß, ist: Ich hätte eigentlich Wiener Tatort-Kommissar werden sollen und habe beim Casting alle überzeugt. Aber danach wollte ich mit einem Produzenten nicht mehr mit nach Hause kommen, und am nächs-ten Tag kam der Anruf, dass Herr Krassnitzer die Rolle übernimmt."

Wir fragen Tom Turbo, ob er mit diesen Geständnissen nicht seine Sendung im ORF riskiere, aber der Fahrraddetektiv meint, er habe mit diesem Sender ohnehin längst abgeschlossen und plane einen Neustart: „Ich habe heute ein Treffen mit ATV. Der Produzent ist überzeugt von meinen Tricks und meinte, ich soll ihm gleich mal was vorführen, und hat mich gebeten, bei ihm zu Hause vorbeizuschauen. Dort liegt im Gang ein wenig Stroh rum, das ich ihm raustragen helfen soll."

 173 000 Leser   15 490 Shares

Ines H.: Meine Kindheit wurde gerade erfolgreich zerstört!

Markus B.: warum liegt denn hier stroh rum?

Foto: Christian Fürthner/MA28 (Montage)

Fünf Tiere auf Mariahilfer Straße ausgesetzt: Grüne wollen Braunbären in Wien wieder heimisch machen

Vor noch nicht einmal dreitausend Jahren waren Bären im heutigen Wiener Stadtgebiet heimisch. Grünen-Chefin Eva Glawischnig will die bedrohte Tierart nun wieder in der österreichischen Hauptstadt ansiedeln. Als Anfang wurden heute daher fünf Braunbären in der Stadt ausgesetzt.

„Die etwa drei Meter großen Braunbären wurden gestern auf der Mariahilfer Straße freigelassen. Diese wird vorerst als Begegnungszone zwischen Mensch und Tier fungieren", erklärt Glawischnig. Wenn alles reibungslos abläuft, wird das Projekt auf zwanzig weitere Bären am Stephansplatz ausgeweitet.

„Wir wissen, wie es ist, vom Aussterben bedroht zu sein", erzählt Glawischnig traurig und zeigt auf die Umfrage-Ergebnisse ihrer Partei in einigen Bundesländern. „Deshalb fühlen wir umso mehr mit den Bären."

Glawischnig legte großen Wert auf die Einhaltung der Frauenquote, weshalb die Wiener Bärenfamilie aus zwei Männchen, zwei Weibchen und einem Transgender-Bären besteht. Nach nur acht Parteitagen konnte sich die grüne Basis bereits auf Namen für die Tiere einigen: Rasmus-Leandro, Jonas-Vincente, Alessia, Chiara und Louis-Conchita.

Die politische Gegnerschaft hält sich überraschenderweise mit Kritik zurück. Aus FPÖ-Kreisen hört man, dass Heinz-Christian Strache dem Vorschlag der Grünen sogar einiges abgewinnen kann. Immerhin könnte Strache bei Staatsbesuchen mit Wladimir Putin gemeinsam auf einem Bären über den roten Teppich einreiten und das Tier anschließend mediengerecht erlegen.

Tierärzten zufolge stellen Bären keine Gefahr für den Menschen dar, da sie sich zumeist von kleinen Lebewesen und Pflanzen ernähren. Lediglich Kleinkinder sowie Peter Westenthaler sollten sich nicht in der Nähe der Bären aufhalten. Außerdem gibt es in der Innenstadt genügend Fast-Food-Lokale und Nudel-Boxen, wo die Bären im Notfall Nahrung aufnehmen können.

Passanten und Touristen wird trotzdem geraten, bei direktem Antreffen eines Bären nicht in Panik zu geraten, sondern sich einfach auf den Boden zu legen und sich für ein bis zwei Stunden totzustellen, bis der Bär wieder das Weite sucht. Danach könne man ganz normal weiter einkaufen gehen, es sei denn, der nächste Bär taucht auf – dann geht das Spiel von vorne los.

Eine Absage gibt es unterdessen für das geplante Austauschprojekt mit Kanada, das vorsah, dort lebende Bären nach Wien zu bringen. Im Austausch für die Bären wollte Glawischnig in Kanada einige Wiener Grüne ansiedeln. Nach heftigen und blutigen Protesten in Kanada musste das Vorhaben jedoch abgebrochen werden.

Anmerkung: Die Grünen posteten den Artikel auf ihrer eigenen Facebook-Seite.

 63 580 Leser 9660 Shares

Die Grünen
Österreichs: *Großartig!*

Robert G.: Sind sicher griechische Bären! Hab letztens sogar eine Vassilakuh auf der Mahü gesehen!

Andreas Gabalier gesteht bei Amadeus Awards: „Bin eigentlich völlig taub"

Ganz Europa kennt und liebt seine Meisterwerke. Doch nun schockte Andreas Gabalier bei der gestrigen Amadeus-Verleihung mit einem Geständnis: Er ist seit seiner Geburt völlig taub und hat seine eigene Musik noch nie gehört. Das gab er bei der Entgegennahme seines Awards für den besten Live-Act des Jahres auf der Bühne bekannt.

„Ich hör scho seit meiner Geburt nix, olles tua ich Lippenlesen", ruft der Steirer in die Zuhörerreihen – genau um einen Tick lauter, als er müsste. Doch erst jetzt ist klar, dies liegt nicht am vermeintlichen Geltungsbedürfnis des Musikers.

Andreas Gabalier wäre nicht der Erste, der trotz Gehörlosigkeit Musikgeschichte schreibt. Das musikalische Genie Ludwig van Beethoven komponierte viele seiner Meisterwerke trotz fast vollständiger Taubheit. Doch es scheint, als finde sich mit Gabalier nach fast 200 Jahren endlich ein würdiger Nachfolger.

Schon früh zeigte der kleine Andreas Talent zum Volksmusiker: „Bereits als Vierjähriger hob ich meine innersten Gefühle immer frei herausgegrölt." Als er in der elterlichen Garage auch noch ein primitives Keyboard und eine Drum Machine aus den Siebzigern fand und ohne Vorkenntnisse darauf zu improvisieren begann, war das Phänomen Gabalier geboren.

Ihm fiel es nie schwer, der Welt der Volksmusik sein fehlendes Gehör zu verheimlichen. Schlagerstars, die viel zu laut reden und schlecht zuhören können, seien dort so normal wie das Amen im Gebet, meint er.

Die Enthüllung wirft ein unglückliches Licht auf Bundesministerin Gabriele Heinisch-Hosek und die Grünen. Sie kritisierten Gabalier einst dafür, die aktuelle Version der Hymne nicht zu kennen. Sie müssen sich jetzt schwere Diskriminierungsvorwürfe gefallen lassen.

 93 630 Leser ➤ 6000 Shares

> *Inger G.*: Das ist keine Entschuldigung. Beethoven war auch gehörlos und hat nichts dergleichen verbrochen ... ganz im Gegenteil.

> *Günter K.*: Ich erschrecke vor mir selber! Immer häufiger halte ich diese Meldungen für die reine Wahrheit!

> *Marion Z.*: So ein Schwachsinn! Dann könnte er auch nicht korrekt reden!

Foto: astrosystem/Fotolia

16 Zentimeter zu kurz: Vienna City Marathon muss morgen wiederholt werden

Schlechte Nachrichten für alle Teilnehmer des 32. Vienna City Marathons: Sämtliche Laufzeiten wurden annulliert. Aufgrund eines Messfehlers, der erst nach Ende des Rennens festgestellt wurde, betrug die Streckenlänge um exakt 16 Zentimeter weniger als die vorgeschriebenen 42,19504 Kilometer.

Jetzt heißt es für die Sportler, Willensstärke zu zeigen und schnell zu regenerieren. Denn morgen ab 7 Uhr früh wird der Marathon wiederholt. Bis dahin muss das 16-Zentimeter-Teilstück noch vorübergehend asphaltiert werden.

„Man könnte sagen: 16 Zentimeter, das entspricht einer Zehntelsekunde, die addieren wir zu den Laufzeiten. Aber so einfach ist das nicht. Das würde dem sportlichen Gedanken widersprechen", so Marathon-Veranstalter Wolfgang Konrad. „Nur bei korrekter Streckenlänge wissen wir, wer wirklich der Schnellste ist. Also, gleich nach den Kenianern und Äthiopiern."

Um den Läufern den Wiederantritt zu erleichtern, haben sich die Organisatoren etwas ganz Besonderes überlegt: Sportreporter Oliver Polzer wird dem Feld mit einem ORF-Mikrofon hinterherlaufen und die Läufer um ein Interview bitten. So werden diese zum Weiterlaufen animiert.

Doch für den diesjährigen Sieger Sisay Lemma kommt die Nachricht zu spät. Er konnte nicht mehr rechtzeitig über die Wiederholung informiert werden und rannte direkt nach dem Marathon von Wien zurück nach Äthiopien.

Bitter ist die Wiederholung auch für FPÖ-Jungpolitiker Maximilian Krauss. Er landete überraschend auf dem zweiten Platz und wird momentan psychologisch betreut. Mit starrem Blick erzählt er, was passiert ist: „Ich bin durch Wien flaniert. Plötzlich war eine Gruppe Schwarzafrikaner mit Bananen in der Hand hinter mir her. Dann bin ich einfach nur um mein Leben gelaufen."

Michael Häupl war noch für keine Stellungnahme erreichbar. Der Bürgermeister wird seit dem Ende des Marathons von Orthopäden behandelt. Er verrenkte sich seinen Nacken, als er im VIP-Zelt noch einen Weißwein bestellen wollte.

Durch die irreguläre Streckenführung waren alle Teilnehmer schneller unterwegs als erwartet – mit fatalen Folgen für einen weiteren Zuseher: Team-Stronach-Politiker Marcus Franz stürzte im Zielbereich schwer, als er versuchte, das Gesäß einer jungen Läuferin mit seinen Händen zu begutachten.

DiE**TAGESPRESSE** wünscht allen Betroffenen viel Motivation für morgen und natürlich: toi, toi, toi!

 132 320 Leser   14 840 Shares

> *Franz D.*: Falsch, muss nicht wiederholt werden. Nur die fehlenden 16 cm müssen nachgelaufen werden.

> *Michael B.*: War der Halb-Marathon dann um 8 cm zu kurz?

> *Alex S.*: Ihr lügt gedruckt bei jeder Sache.

Foto: Johannes Zinner/Wiener Linien (Montage)

Eintrag ins Buch der Rekorde: U6 gilt als längste Geisterbahn der Welt

Das ist Gänsehautfeeling pur! Nirgendwo begegnet man mehr Horrorfratzen als in der U6. Nun wurde das Guinness-Buch der Rekorde darauf aufmerksam und gab bekannt: Die U6 erfüllt alle formalen Kriterien und gilt ab sofort als längste Geisterbahn der Welt.

Die Idee, die „absolut grauslichste und grindigste U-Bahn-Linie der Stadt, vielleicht sogar der ganzen Welt" (Quelle: Homepage der Wiener Linien) für einen Eintrag ins Guinness-Buch der Rekorde vorzuschlagen, kam aus der Buchredaktion selbst.

„Ich war im März in Wien und bin zufällig mit der U6 gefahren", erzählt der Londoner Redakteur Ross Mahoney. „Es waren Minuten voller Nervenkitzel und Angstschweiß – das reine Grauen!"

Als besonders beeindruckend lobte der Guinness-Prüfer die Vielfalt der unterschiedlichsten Schreckgestalten entlang der Strecke. Im Buch heißt es dazu: „Von den messerstechenden Floridsdorfer Alko-Zombies über die aggressiven und pelzigen Hofratswitwen in Währing bis hin zu den ohrenzerfetzend lauten und blutrünstigen Wien-Woche-Schulgruppen am Westbahnhof: Ein Horror jagt den nächsten! Und am Ende der Strecke wartet schließlich noch die ganz normale Meidlinger Bevölkerung, die uns Schrecken einjagt, die man sein Leben lang nicht vergessen wird."

Für die Wiener selbst kommt der Eintrag überraschend. Doch ein Soziologe erklärt, dass der Mensch nie zu schätzen weiß, was er ständig um sich hat: „Die Wiener sehen die Fahrt nicht mehr als Attraktion an. Irgendwann wird es einfach nur ganz normaler Alltag, wenn einem der Sitznachbar in der U6 auf die frisch gebügelte Hose blutet und dabei mit einer Hand satanische Zauberformeln in seinem Sudoku-Rätsel ausfüllt, während er mit der anderen Hand seinen Kebab an unseren Haaren abwischt."

Wissenschaftler, die bei der Prüfung anwesend waren, stellten fest: Der Stress- und Adrenalinspiegel, dem man ausgesetzt ist, wenn in der Station Längenfeldgasse die Waggon-Tür aufgeht, ist vergleichbar mit jenem bei der Geburt von Drillingen. Ein besonderes Highlight für Nervenkitzel-Fans: Bei der Fahrt geht man auch körperlich an seine Grenzen. Jeder Waggon versprüht seinen eigenen individuell abgestimmten Verwesungsgeruch.

Wird Wien jetzt zu einem Mekka für Horrorfans? Die Wiener Linien überlegen eigenen Angaben zufolge bereits, die U6 in U666 umzutaufen.

Und glaubt man Insidern, könnte es bald einen weiteren Schritt in diese Richtung geben. Die Produzenten der Horrorfilm-Reihe „Saw" arbeiten derzeit an einem blutrünstigen Psycho-Horror-Schocker, der in Wien spielt. Arbeitstitel des Filmes: „Montagmorgen im 13A".

 117 200 Leser   16 900 Shares

Tomao E.: mein schatz und ich bezeichnen die fahrt von meidling nach floridsdorf immer als fahrt von isengard nach mordor.

Alexandra S.: Neulich hatte ich ne Amerikanerin vor mir und sie fragte mich, in welche Richtung die U fährt. Meine Antwort darauf: To Hell, Madame.

Foto: bamboobeast/Wikimedia (Montage)

Klimawandel: Erste Hai-Attacke in Alter Donau

Aufgrund der Klimaerwärmung dürfen die Einwohner Mitteleuropas immer öfter neue, exotische Tierarten in ihren Reihen begrüßen. So auch jetzt: Es dürfte sich nämlich ein so seltener wie majestätischer Weißer Hai in der Alten Donau in Wien angesiedelt haben. Eine blutige Bissattacke gestern vormittags deutet darauf hin.

Das Opfer, der Pensionist Karl T. (51), wollte gerade in der Morgensonne Körperpflege betreiben. Plötzlich verspürte er am linken Bein einen stechenden Schmerz. Der gebürtige Wiener rettete sich ans Ufer, wo er die klaffende Wunde entdeckte. Mediziner und Biologen stellten fest, dass diese eindeutig von einem Weißen Hai stammen muss. Glück im Unglück: T. hatte bereits gefrühstückt und daher knappe zwei Promille Alkohol im Blut – sonst wäre er wohl verblutet.

T. kann es nicht fassen: „Des homma jetzt von der EU und den offenen Grenzen. Da kann jeder exotische Südländer einfach so aus und ein, wie es eam passt."

Trotz der Attacke sieht die Biologin Claudia Maier von der Uni Wien keine Gefahr für die Menschen: „Zwar verfügen Wiener über zahlreiche anatomische Besonderheiten, die auf Haie höchst anziehend wirken, wie etwa den Bierbauch." Aber Studien würden auch belegen, dass die für Wiener typischen Raunzlaute abstoßend auf Raubtiere wirken.

Maier kann sich daher nicht vorstellen, dass der Hai alle Wiener als Beutetiere betrachtet. Stattdessen vermutet sie, dass das Raubtier Herrn T. aufgrund seiner eklatanten Bierfahne mit einem toten Fisch verwechselte.

Für Begeisterung sorgt die Nachricht von der blutigen Hai-Attacke bei den Grünen: „Nach der Wiederansiedlung der Braunbären darf sich Wien über eine neue Ausweitung der Artenvielfalt freuen!", frohlockte Vizebürgermeisterin Maria Vassilakou.

Die Grünen wollen jetzt ihren Widerstand gegen den Klimawandel aufgeben und zu glühenden Befürwortern werden. „Wer weiß, welche Arten wir dann noch bald in Wien begrüßen dürfen!", meint Vassilakou, während sie gerade ihr Fahrrad mit Benzin übergießt und anzündet. „Vielleicht Anacondas?"

 218 900 Leser   26 060 Shares

> *Stefan L.*: Typische Gutmenschen-Propaganda der Lügenpresse. Das war sicher kein weißer Hai, der war sicher dunkelhäutig.

> *Wolfgang H.*: … Und übahaupt, dea gaunze Klimawaundel kau eascht eina, seits die Grenzn olle aufgmocht haum!

> *Andrea S.*: Hilfe geh nimma dort Baden nur mehr Öffis Stadionbadstadthalle im freien und wo anderst.

Schlechte Leberwerte: Arzt rät Häupl, nur mehr 18 Stunden pro Woche zu „arbeiten"

„Wenn ich 22 Stunden in der Woche ‚arbeite', bin ich Dienstag-mittag fertig" – mit diesen schockierenden Worten wies Michael Häupl auf die außerordentlichen Belastungen hin, unter denen er als Wiener Bürgermeister leiden muss und die ihn langsam, aber sicher fertigmachen.

Jetzt bekommt er die Rechnung für seinen Einsatz präsentiert: Auf Anordnung seines Hausarztes darf er jetzt sogar nur mehr 18 Stunden pro Woche mit „arbeitsverwandten Aktivitäten" ver-bringen. Dies liegt an seinen schlechten Leberwerten, die bei ei-ner Vorsorgeuntersuchung gemessen wurden.

Gegenüber der **TAGESPRESSE** erklärte der behandelnde Arzt: „Die jahrelange grenzenlose Arbeiterei des Bürgermeisters hinterließ ihre Spuren. Wir konnten in den Blutproben nur dank speziellem Gerät überhaupt noch Spuren von Blut nachweisen."

Doch die Untersuchung war beschwerlich: „Wir mussten mit all seinen Proben vorsichtig umgehen und sie von offenen Flam-men fernhalten, weil sie hochentzündlich sind." Häupls Blutbeu-tel mussten auch in speziellen, abgeschlossenen Behältern aufbe-wahrt werden. Denn in den falschen Händen könnten sie etwa als Molotow-Cocktails eingesetzt werden.

Den Bürgermeister trifft die Nachricht schwer. „Ich habe in den letzten Jahren einfach viel zu viel, tagein, tagaus, ‚gearbeitet' sozusagen", bekennt er bei einer morgendlichen Pressekonferenz in der Weinschank Zur o'gschifften Parkbank. „Ich bin eben auch kein wilder Junger mehr wie der Josef Cap oder der Werner Faymann."

Sein Alter (65), immerhin schon fast so hoch wie das Durchschnittsalter aller SPÖ-Mitglieder, macht ihm zu schaffen: „Jeden Morgen spür ich im Schädel, dass ich tags zuvor mal wieder viel zu viel ‚gearbeitet' habe." Trotzdem zwingt er sich täglich auf Society-Events, Eröffnungen, Jubiläen oder auch einfach mal auf einen geselligen Nachmittag in den Wiener Landtag.

Dann starrt er in die Ferne: „Wäre ich doch Lehrer geworden. Dann könnt ich nach 22 Stunden Unterricht am Dienstagnachmittag heimgehen." Doch hier widersprechen ihm Psychologen. So meint einer: „Würde Herr Häupl 22 Stunden die Woche vor pubertierenden, snapchattenden Rotzlöffeln unterrichten, würd es für ihn Dienstagnachmittag nicht heimwärts gehen, sondern auf die Baumgartner Höhe."

Anmerkung: Häupl sorgte mit folgender Äußerung über Lehrer für Kritik: „Würde ich 22 Stunden pro Woche arbeiten, könnte ich Dienstagmittag nach Hause gehen."

 124 550 Leser 23 160 Shares

Rosini M.: Warum ist der Wiener Rathausplatz so sauber? Weil der Häupl täglich mit einem Fetz'n drübergeht.

Benny B.: Dachte das ist ne Satire-Seite … Wird irgendwie immer realitätsbezogener.

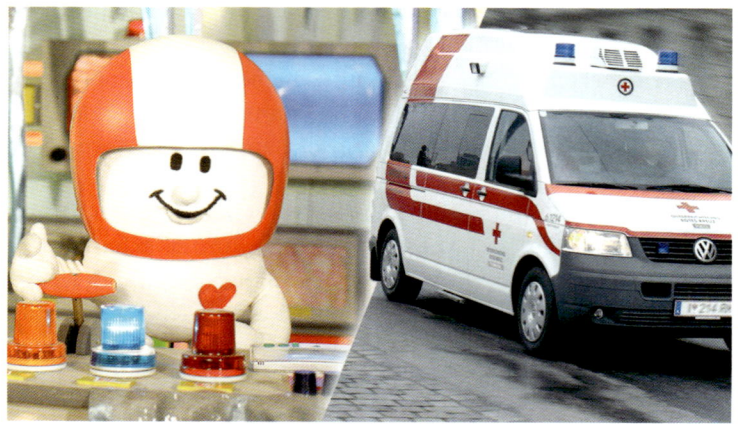

Foto: ORF/Hans Leitner, Rotes Kreuz (Montage)

Augen zu, Ohren zu: ORF-Sicherheitsexperte Helmi rast auf LSD-Trip in Donau

Der renommierte Verkehrsexperte und ORF-Kinderstar Helmi hat heute Nacht unter Drogeneinfluss einen schweren Unfall verursacht. Er befand sich am Heimweg von einem illegalen Rave in Tschechien, als er mit überhöhter Geschwindigkeit von der A22 abkam und in die Donau stürzte.

Helmi wurde unverletzt geborgen. Sein Führerschein wurde jedoch eingezogen, er muss außerdem mit einer Anzeige nach dem Suchtmittelgesetz rechnen.

„Ich bin geschockt, dass er seinen Ruf als Sicherheitsexperte so leichtfertig wegwirft", so ORF-Generaldirektor Alexander Wrabetz in einer ersten Stellungnahme. „Er galt als seriösestes Gesicht im ORF, noch vor Armin Assinger und Doris Golpashin."

Der **TAGESPRESSE** liegt ein Polizeiprotokoll vor, in dem Helmi beschreibt, wie es zur verhängnisvollen Nacht kam: „Wir hatten zwei Beutel Gras, 75 Kügelchen Meskalin, fünf Löschblattbögen extrastarkes Acid, einen Salzstreuer halb voll mit Kokain und 13 Liter Kärntner HCB-Milch. Nicht, dass wir das ganze Zeug für den Trip wirklich brauchten, aber wenn man sich einmal darauf einlässt, eine ernsthafte Drogen-Sammlung anzulegen, neigt man eben dazu, extrem zu werden."

Der Polizist Dominik P. (29) entdeckte den Unfallwagen und zog Helmi aus der Donau: „Er hat konfus gewirkt. Seine Pupillen waren stark geweitet, und er hat immer wieder gerufen: ‚Hier können wir nicht anhalten, das ist Floridsdorf!'"

Sein Kollege Philipp A. (25) erlitt bei dem Einsatz einen Schock: „Das ist unfassbar. Helmi war der Held meiner Kindheit. Wegen ihm allein wollte ich zur Polizei! Und natürlich wegen meiner sadistischen Gewaltfantasien."

Die Psychologin Margit Stein (56) erklärt sich Helmis Risikoverhalten so: „Er holt seine verpfuschte Jugend nach, experimentiert mit Drogen, lässt sich gehen und dekonstruiert sein braves Image. Das ist nicht untypisch für Kinderstars." Der Vorfall erinnert an den Ex-Kinderstar Confetti, der 2008 nach einem misslungenen Überfall auf ein Wettbüro drei Menschen erschoss.

Helmi selbst sieht die Situation anders. Er liegt unterkühlt auf einer Rettungstrage und sagt: „Die Polizei sollte sich lieber um die Gefahrensituation da vorne kümmern. Dort stürzt ein rosa feuerspuckender Basilisk mit einem Eichhörnchenkopf auf uns zu! Hilfe!" Ist dies das Ende einer Karriere?

 85 000 Leser ➤ 11 880 Shares

Lauri T.: Fear and Loathing in Transdanubien.

Christina S.: Wenigstens trägt er einen Helm.

Ernst S.: Immer diese EX-Kinderstars, die sich nicht im Griff haben.

Foto: Franz Perc / ChromOrange / picturedesk.com

Weil Spatzi ihn nicht mehr ranlässt: Richard Lugner lässt sich seinen Busen vergrößern

Baumeister Richard Lugner ist zornig, denn seine Ehefrau Spatzi ignoriert ihn seit Monaten im Bett. Doch der gewiefte Unternehmer hat nun eine Lösung gefunden: Um bald wieder Busen grapschen zu können, wo und wann er will, wird er sich seine eigenen Brüste auf Größe Doppel-D umoperieren lassen.

Der 82-jährige „Mörtel" Lugner ist aufgebracht, als wir ihn über Spatzis Sex-Streik befragen: „Spatzi wusste genau, wie der ausverhandelte Deal aussieht! Ich hab sie nicht gekauft ... äh ... geheiratet, damit sie in der Lugner City die Buchhaltung macht!"

Spatzi Lugner will das nicht auf sich sitzen lassen und präsentiert uns den Ehevertrag: „Hier haben unsere Anwälte alles genau geregelt. Laut § 9,Absatz 3 darf Richard mir pro TV-Show einen Kuss geben, mir einmal pro Quartal auf den Po fassen und in jedem zehnten Schaltjahr mit mir schlafen." Mehr, wie etwa das regelmäßige Begrapschen ihres Busens, sei nie vereinbart worden.

Doch der Baumeister hatte gestern Abend eine Eingebung, wie er seine sexuelle Lust bald wieder ausleben könnte: „Ich hab da im Fernsehkastl diesen Scheraaa Depattiö gesehen", erzählt Lugner. „Also der ziagt a paar Tuttln vor sich her, pipifein, bei so ana Männerbrust kann ned amal mein Spatzi mithalten. Und da hab i mir dacht: Jawoll! Selbst ist der Mann! I lass mir meinen eigenen Busen machen und dann heißts No Limit!"

Die Planungen für Lugners Operation sind bereits in der Endphase: Mörtel Lugner und seine Busenfreunde, so der Arbeitstitel der 12-teiligen ATV-Show, wird den Baumeister auf seinem Weg zum Busen filmisch begleiten. Aus dramaturgischen Gründen wird Lugner vorerst nur eine Brust der Größe Doppel-D eingesetzt. Sollte die Sendung ein Erfolg werden, wird 2017 die zweite Staffel on air gehen, wo Lugner dann der zweite Busen eingesetzt wird.

„ATV hat wieder mal alle Kosten und Mühen gescheut", verrät Senderchef Martin Gastinger und erläutert die Show: Promi-Chirurg Artur Worseg wird im Studio live vor Publikum operieren. Musikalisch wird er begleitet von Tony Wegas. Christoph Fälbl sowie der Telering-Inder werden die Operation kommentieren.

Society-Experten sehen bereits die Ehe der Lugners bedroht, denn Spatzi wird in Zukunft sicher eifersüchtig sein auf Fuchsi und Hasi, wie Richard Lugner seine beiden Busen nennen möchte. Der Baumeister freut sich dagegen schon darauf, am Opernball endlich auch einmal im Ballkleid in der Loge zu sitzen.

Spatzi Lugner lässt all das inzwischen aber noch kalt, denn sie konzentriert sich auf ihre Karriere in den USA. Im April hat Spatzi ihren ersten Job in Hollywood bekommen und wird schon bald am roten Teppich zu sehen sein, da sie in den Universal Studios jetzt drei Mal pro Woche als Reinigungskraft den Boden saugt.

 69 320 Leser   3270 Shares

Manfred F.: Wieso?? Seine Tränensäcke sind eh so groß wie die Brüste von sein Spatzi.

Corne L.: Der hat an Vogel!!!!

Foto: MeclisHaber

Rache an Österreich: Erdogan nennt DJ Ötzi einen „Musiker"

Dass es so weit kommen musste: Der türkische Präsident Recep Erdogan bezeichnete DJ Ötzi in einer wütenden Rede als „Musiker". Der Schritt wird von Experten als Retourkutsche für die Armenien-Erklärung des österreichischen Parlaments gewertet, in der dieses den Völkermord an den Armeniern 1915 erstmals als solchen bezeichnet.

In einer umjubelten Ansprache vor Anhängern in Ankara meinte Erdogan: „Man kann von seinen Liedern halten, was man will. Ich kenn sie eigentlich nicht einmal. Aber wenn der Mann damit sein Geld verdient, muss man DJ Ötzi auch als ‚Musiker' bezeichnen." Die Menge stimmte daraufhin spontan „Hey Baby!"-Jubelchöre an.

Die Reaktion aus Österreich folgte prompt. In einer gemeinsamen Erklärung verurteilten alle Fraktionen des österreichischen Parlaments die Äußerung des türkischen Präsidenten: „Das ist ein unfassbarer Affront. Man kann doch nicht jeden als österreichischen Musiker bezeichnen, nur weil er weiß, wie man in ein Mikrofon grölt." Erdogan würde DJ Ötzi bewusst mit Mozart und Schubert gleichstellen und seine Taten damit verharmlosen.

Die Äußerung sei außerdem ein Schlag ins Gesicht all jener Menschen, die unter seiner Musik leiden mussten: „Dieser Skandal wird die Beziehungen zwischen Österreich und der Türkei extremst nachhaltig belasten."

Doch auch nachdenklichere Stimmen melden sich zu Wort. So meint etwa Karl Streicher, Musikhistoriker an der Universität Wien: „So einfach kann sich Österreich nicht rausreden. Wie definiert man einen Musiker? DJ Ötzi gibt ja sogenannte ‚Konzerte', zu denen urteilsfähige Menschen tatsächlich auftauchen. Vielleicht wird es Zeit für dieses Land, sich der Wahrheit zu stellen."

Momentan sieht es aber nicht so aus, als wäre die österreichische Bevölkerung bereit, sich mit DJ Ötzi auseinanderzusetzen. Streicher vermutet, dass die jetzt lebende Generation wohl nie in der Lage sein wird, ihn als Musiker zu akzeptieren.

Immerhin scheint es aber auch für Erdogan Grenzen zu geben. Denn vor einer Linie, die in Österreich noch niemand überschritten hat, schreckte auch der türkische Präsident zurück: nämlich Werner Faymann als „Sozialdemokraten" zu bezeichnen.

Anmerkung: Mehrere Parlamente, auch das österreichische, gaben im April 2015 eine Erklärung ab, in der der Völkermord an den Armeniern von 1915 erstmals als solcher bezeichnet wurde. Sehr zum Missfallen der Türkei.

 47 840 Leser  8710 Shares

Klaus M.: Ist ja ein Türke (leicht erkennbar am weißen Kapperl) und heißt eigentlich Öyzy.

Manfred K.: Hoffentlich entdeckt er das schlimmste Verbrechen der österreichischen Musikgeschichte nicht: „Woki mit deim Popo".

Adelaide F.: Ich verstehe es nicht, warum kommt Erdogan auf DJ Ötzi?

Foto: Martin Juen

Demenz-Angst um Milliardär: Stronach kündigt Gründung einer eigenen Partei an

Für Verwunderung sorgte Milliardär Frank Stronach auf einer spontan einberufenen Pressekonferenz in der Steiermark. Stronach erklärte, er wolle in die österreichische Politik einsteigen und werde deshalb nun seine eigene Partei gründen.

„Wir von meiner neuen Partei ‚Stronachs Team' werden endlich etwas tun gegen die vielen Funktionäre in diesem Land!", brüllt Stronach vor einem fast zweistelligen Publikum durch den Relax-Raum des Weizer Tennisclubs. „Ich habe mir einmal angesehen, wer da in Österreich so aller in die Politik sitzt. Team Niederösterreich? Team Kärnten? Was sind das für unnötige Funktionäre mit Versorgungsjobs?"

Doch als ein Journalist der Weizer Schülerzeitung Blatt-Laus den energischen Milliardär darauf hinweist, dass er doch erst vor Kurzem eine eigene Partei namens „Team Stronach" gegründet habe, eskaliert die Situation. „Wie viele Arbeitsplätze hast du Rotfunk-Schmierfink vom Kommunisten-Küniglberg denn in deinem Leben schon geschaffen, dass du so mit mir reden kannst?", wütet Stronach, bis sein Zivildiener Dominik die Pressekonferenz abbricht.

„Stronachs Team' steht für absolut nichts und hat keinerlei Substanz und kein Ziel", erklärt Politexperte Filzmaier. „Sie schimpfen nur gegen ‚die da oben', ohne selbst Lösungen anzubieten, und sind im Prinzip bloß die Karikatur einer Partei." Laut einer aktuellen Umfrage wollen 28 % der Wähler „Stronachs Team" wählen.

Sollte Stronachs Einstieg in die Politik nicht glücken, hat er aber ohnehin bereits andere Pläne, wie er der **TAGESPRESSE** berichtet: „Wer weiß, vielleicht baue ich einmal eine Weltkugel, oder eine Austria-Wien-Fußballakademie, oder sogar eine Pferderennbahn."

Ärzte vermuteten den Grund der neuerlichen Parteigründung anfangs in einer Demenz, gehen inzwischen aber davon aus, dass Stronach ein verdrängtes Trauma nochmals durchleben muss, um damit abschließen zu können.

Und tatsächlich: In seiner Erinnerung sind noch Gedankensplitter der letzten verlorenen Wahl vorhanden. „In der Politik muss man aufpassen, was man sagt", erzählt Stronach im Interview mit Armin Wolf in der ZiB 2. „Ich darf nix Falsches sagen, was die Leute nicht gut finden. Wenn ich etwa sagen würde, dass ich für die Todesstrafe bin, dann wäre es mit meiner Partei schnell vorbei. Aber da passe ich auf, ich werde das nie sagen. Und schon gar nicht vor laufender Kamera!", lächelt Stronach wie ein Medienprofi.

Seit heute Vormittag jedoch überschlagen sich die Ereignisse: Frank Stronach wollte sich auf dem Weg zur neuen Parteizentrale ein Frühstück kaufen, als er plötzlich still wurde und sich in die Hose griff. „Ups, ich hab nur 2000 Dollar in meiner Hosentasche", murmelte Stronach und machte kehrt. „Ich glaube, die Partei muss doch noch warten, zuerst muss ich amal auf a Schiff und rüber nach Kanada, damit ich mich vom Tellerwäscher zum Milliardär hocharbeite."

 49 160 Leser   3810 Shares

Anton H.: Stronach in die Politik – niemals!! Das muss eine Ente sein.

Foto: kichigin19/Fotolia.com (Montage)

GTA-Fans wütend: Add-on „GTA Südosttangente" entpuppt sich als langweiliger Flop

Rockstar Games veröffentlichte heute speziell für den österreichischen Markt das Add-on „GTA Südosttangente". Doch die Gamer-Welt ist enttäuscht: Statt rasanter Verfolgungsjagden und wilder Schießereien steht die Spielfigur bloß stundenlang im Stau und hört Ö3.

In „GTA Südosttangente" schlüpfen die Spieler in die Figur des Niederösterreichers Ludwig Nawralek, der zu Beginn mit seinem gebrauchten VW Golf im Stau auf der Südosttangente steht. Die einführende Videoszene erzählt uns, dass der HAK-Absolvent Ludwig es bis nach Wien schaffen muss, um in der Arbeit eine wichtige PowerPoint-Präsentation vorzubereiten.

TAGESPRESSE-Praktikant Jan (15) testete das Spiel in der Redaktion: „Der Nervenkitzel ist anfangs groß. Man steht im Stau und denkt sich, bald geht's los, gleich löst sich der Stau, dann steig ich aufs Gas!" Aber auch nach drei Stunden Spielzeit steht man noch immer im Stau – erste Ernüchterung macht sich breit.

„Ich hab mir dann gedacht, okay, mir reicht's, ich probier mal was aus", erklärt Jan und zeigt uns vor, wie er den ersten Gang einlegt und mit 12 km/h absichtlich einen Auffahrunfall verursacht. Doch während in der US-Originalversion der andere Fahrer sofort aus dem Wagen springt und schießt, steigt der Wiener Fahrer vor uns nur kurz aus, um uns grantig die Nummer seiner Versicherung zu überreichen. Nicht nur Jan an der Konsole, sondern sogar die Spielfigur schläft auf dem Lenkrad ein.

Der Hersteller lässt die Kritik nicht auf sich sitzen und betont die Spieltiefe: Die Figur kann zwischen Hunderten verschiedenen Gebrauchtautos von Willhaben wählen, mit denen man im Stau stehen kann. Außerdem kann man der Spielfigur verschiedenste Outfits anlegen: eine Jogginghose von C&A, eine Jeans von C&A und sogar einen Anzug von C&A.

Nach mehr als fünf Stunden im Stau kommt endlich doch noch Action auf: Eine Rettungsgasse soll gebildet werden, weshalb der Fahrer auf der Nebenspur uns grundlos den Mittelfinger zeigt. Nun heißt es, angemessen zu reagieren.

Wir switchen uns durch verschiedenste Waffen in unserem Arsenal: Sollen wir einen Tschickstummel aus dem Fenster werfen? Oder erst mal nur zur Abschreckung einen Ultras-Rapid-Schal an der Heckscheibe anbringen? Am Ende entscheiden wir uns für die Gratiszeitung Österreich, die unsere Figur in die Hand nimmt und so lange daraus zitiert, bis der andere Fahrer eingeschüchtert das Fenster hochkurbelt und uns wieder in Ruhe lässt.

Plötzlich aber sinkt die Lebensenergieanzeige. Was ist los? Schießt jemand auf uns? Schließlich spüren wir die Gefahrenquelle auf: Im Autoradio läuft auf Ö3 schon zum fünften Mal „Happy" von Pharrell Williams. Die Spielfigur verliert mit jedem Refrain mehr und mehr an Lebensenergie. Wir versuchen verzweifelt, noch rechtzeitig auf Superfly umzuschalten, doch es ist zu spät: Unsere Spielfigur erleidet einen Nervenzusammenbruch.

Nach fünf Stunden Spielzeit hat sich Jan etwa dreihundert Meter fortbewegt. Bei aller Langeweile muss man zumindest festhalten, dass der Realismus überzeugt. Doch noch einmal von vorne beginnen will Tester Jan nicht. Durch einen Cheat schaltet er noch das Extra-Level „Begegnungszone" frei. Hier kommt es zumindest zu einigen blutigen Konfrontationen mit Taxlern und Radfahrern.

Die österreichische Games-Community hofft, dass weitere auf den heimischen Markt zugeschnittene Spiele mehr Spielspaß an die Konsolen bringen. Pünktlich zu Weihnachten schließlich soll es so weit sein: In der Austro-Version des Simulations-Klassikers „Die Sims – Floridsdorf" kann sich jeder Spieler seine eigene dysfunktionale Familie zusammenstellen und virtuell Vater, Mutter, Kind und Kampfhund spielen.

 75 510 Leser   8510 Shares

> *Mario Z.*: Unrealistisch! Ö3 wiederholt die Songs öfter als 5x.

Foto: Martin Juen (Montage)

Kebab war mit extra scharf: Strache überlebt islamistischen Anschlag

Seit jeher kämpft Heinz-Christian Strache für die Religionsfreiheit. Doch jetzt musste der FPÖ-Obmann seinen Einsatz beinahe mit dem Leben bezahlen. Ein Döner Kebab, der ihm von einem noch unbekannten Täter am Wiener Reumannplatz überreicht wurde, war mit einer Überdosis Chilipulver präpariert.

Ärzte bestätigen: Wäre Strache nicht immer noch betrunken von der Party am Vorabend gewesen, hätte der darauffolgende Heulkrampf zu einer tödlichen Dehydrierung führen können.

Der Politiker ist empört: „Ich hab bei der Bestellung deutlich gesagt: einen Kebab mit Rindfleisch aus Österreich, Tomaten aus Österreich, Salat aus Österreich, und mit ein bisschen scharf aus Österreich."

Doch der offenbar islamistische Kebabstandler widersetzte sich dieser Vorgabe und leerte mutwillig eine enorme Menge Chili in den Kebab. Diese fiel Strache erst nach dem ersten Bissen auf, weil er gerade einer blonden 18-jährigen Anhängerin erklärte, dass sie „nur Österreicher reinlassen sollte", wie er meint.

Trotz Verbrennungen halben Grades im Mundbereich verzichtete er auf eine Einlieferung in die Intensivstation. Stattdessen bekräftigte er noch vor Ort sein Bekenntnis zur Religionsfreiheit: „Jetzt erst recht! In einer Gesellschaft soll jeder völlig frei wählen können, an wen er glaubt: entweder an Jesus Christus oder an Wotan, den Germanengott."

Auch am Rechtsstaat hält Strache fest: „Die FPÖ forderte doch nie etwas anderes als einen rechten Staat."

Aufgrund des schweren Schocks konnte sich Strache nicht mehr erinnern, von welchem Stand er den Kebab erhalten hatte. Doch ein Polizeisprecher ist zuversichtlich, den Täter zu finden: „Dank Zeugen wissen wir, dass es einer der Kebabstände am Reumannplatz sein muss. Wir brauchen also einfach nur alle 730 zu überprüfen."

Der Vorfall erinnert an einen ähnlichen Anschlag auf Michael Häupl, als ihm im „Schwarzen Kameel" statt eines Spritzweins ein Hugo serviert wurde und er beinahe am Minzblatt erstickte.

 190 910 Leser    39 400 Shares

Werner F.: Gott sei Dank war der Kebab nicht mit Intelligenz gefüllt. Das wär erst gefährlich gewesen …

„Unnötige Zeitverschwendung": Mark Zuckerberg löscht seinen Facebook-Account

Der berühmte IT-Unternehmer Mark Zuckerberg hat sich entschieden, seinen Facebook-Account zu löschen. Zuckerberg verbrachte eigenen Angaben zufolge bis zu 14 Stunden pro Tag im sozialen Netzwerk und bezeichnet seine Aktivitäten auf Facebook als „unnötige Zeitverschwendung", die ihn von seiner Arbeit abhält.

Doch nicht nur persönliche Gründe, auch Datenschutz-Sorgen spielten in der Entscheidung des Jung-Milliardärs eine Rolle, wie er im Interview betont: „Ich hab jahrelang private Fotos auf mein Profil geladen und den Chat genutzt", zeigt sich Zuckerberg besorgt. „Wer weiß, was Facebook mit meinen Daten macht? Ich jedenfalls nicht." Zuckerbergs Anfrage bei der Datenschutz-Abteilung von Facebook blieb bisher unbeantwortet.

In einem letzten Facebook-Posting rechnet der 30-jährige Milliardär mit seinem virtuellen Freundeskreis ab. „Ich möchte nicht mehr rund um die Uhr wissen, wer verdammt noch mal gerade mit einer runtastischen Aktivität zehn Meter zum Kühlschrank gehumpelt ist. Und ich möchte auch nie wieder von einem nichtsnutzigen Künstler zu einer Vernissage eingeladen werden, zu der

800 Leute zusagen, wo am Ende aber niemand kommt, nicht mal der Künstler selbst."

Zuckerbergs Familie litt schon länger unter seiner Facebook-Sucht: „Mit seinem Vermögen könnten wir eigentlich den Rest unseres Lebens einfach genießen", erzählt Ehefrau Priscilla Chan. „Mein Mann ist so reich, er könnte für immer Urlaub auf Ibiza machen. Aber was hat er jahrelang stattdessen gemacht? Hockt von früh bis spät vor Facebook und schaut sich dort Urlaubsfotos von Freunden an, die auf Ibiza waren."

Suchtexperten warnten Zuckerberg allerdings vor einem kalten Entzug und begleiten ihn nun mit Rat und Tat durch das Leben nach Facebook. „Der Arzt meinte, ich soll nicht gleich von null auf hundert ohne Facebook leben", erzählt Zuckerberg.

„Ich werde zwar Facebook nicht mehr online nutzen, habe mir aber die Facebook-Profile aller Nutzer ausdrucken lassen, damit ich nachts vorm Schlafengehen darin schmökern kann", meint er und zeigt auf die kilometerlange Lagerhalle, in der gerade Dutzende Bagger Milliarden Papierseiten aufstapeln.

Gemeinsam mit Medienvertretern fährt Zuckerberg an seinem ersten Tag ohne Facebook mit einem Bus raus ins Grüne, um einfach nur die Natur zu genießen. Er hat es geschafft: Er hat seine Sucht überwunden und sich von Facebook abgemeldet.

Doch gelegentlich wird Zuckerberg auch in der Offline-Welt rückfällig und verspürt den Drang, soziale Beziehungen und private Daten zu sammeln. Einmal notiert er sich im Bus alle Gespräche der anderen Reisenden auf seinem Notizblock mit. Und im Park angekommen, legt er sich zwar auf die Wiese, wird aber schon nach wenigen Minuten unruhig. Schließlich hält er es nicht mehr aus: Zuckerberg geht von einem picknickenden Paar zum nächsten und fragt, ob sie ihm ihre Urlaubsfotos zeigen können.

 64 750 Leser    7690 Shares

Patrick M.: Er wär vermutlich auch die einzige Person auf der Welt, die einen Facebook-Account wirklich löschen kann …

Skandalös: Beantragte Faymann Agrarförderungen für seinen FarmVille-Bauernhof?

Jeder seiner sieben Facebook-Freunde weiß es: Werner Faymann ist ein leidenschaftlicher FarmVille-Spieler. In nur drei Jahren Spielzeit baute er sich einen beachtlichen Bauernhof mit Feldern, Schweinen und Rindern auf.

Doch jetzt bekommt sein Image als anständiger Internet-Landwirt einen ersten Knacks. Denn Unterlagen der EU-Kommission legen nahe, dass er um Agrarförderungen ansuchte.

Das Problem dabei ist nicht, dass die Farm nur im Internet existiert – hier ist das EU-Gesetz etwas schwammig formuliert. Doch alle Fördernehmer müssen hauptberufliche Landwirte sein und dürfen keine Nebenberufe ausüben. Experten sehen hier eine Unvereinbarkeit mit Faymanns Nebenjob als Bundeskanzler eines wirtschaftlich maroden Industrielands.

„Blödsinn!", findet Faymann im Interview, während er auf seinem iPad eine Kuh, die ihn kritisiert hatte, an den Schlachthof verkauft. „Die Tätigkeit als Bundeskanzler nimmt vielleicht ein paar Stunden pro Woche in Anspruch. Ich mach das höchstens geringfügig." Die Subventionen will er in eine Inseratenkampagne auf der Farm investieren.

Denn hinter der idyllischen Fassade der Faymann-Farm soll es brodeln, verraten uns andere FarmVille-Spieler. Viele von Faymanns virtuellen Zuchttieren seien unzufrieden mit seinem schwachen Führungsstil, sogar von seiner Absetzung war die Rede. Eine Stall-Revolte konnte er angeblich nur abwenden, indem er massive Zugeständnisse bei den Fütterungszeiten machte.

Selbstredend verschlingt diese Maßnahme zur Befriedigung der Klientel enorme Geldmengen. Dies dürfte auch erklären, warum die Agrarsubventionen der EU für ihn so wichtig sind.

Faymanns Vorgesetzter, Michael Häupl, zeigt sich über die Vorwürfe verärgert: „Ich dulde keine gesetzesuntreuen Untergebenen. Der Werner soll lieber das machen, was das Beste für dieses Land ist: Alle Nebenjobs einstellen und sich still beschäftigen."

 46 000 Leser 6660 Shares

Stefan K.: Ja, der Artikel klingt logisch, mir schickt er immer Anfragen für mehr Leben bei Farm Heroes.

Christoph S.: Werner braucht deine Hilfe! Seine Kanzlersession geht bald zu Ende. Klicke hier, um ihm eine „Hand voll Mais" vor seine Farm zu werfen und ihn so zur Arbeit zu motivieren.

Foto: Sean Locke / Westend 61 / picturedesk.com

Armutsanstieg geklärt: Hipster mit Vollbart versehentlich als Obdachlose gezählt

Der jahrelange Anstieg der Armut in Österreich dürfte offenbar auf einen peinlichen Fehler des Bundesstatistikamts zurückgehen. Denn bei Messungen in den heimischen Großstädten wurden versehentlich über Jahre hinweg modische Männer mit Vollbart („Hipster") automatisch als Obdachlose gezählt.

Der Fehler hatte drastische Auswirkungen auf die Armutsstatistiken, denn bis heute galt der siebente Wiener Gemeindebezirk offiziell als weltweit ärmster Bezirk in der UNO-Armutsstatistik, knapp vor dem fünften Bezirk. An dritter Stelle folgt Monrovia in Liberia.

Beim Statistikamt rechtfertigt man sich: „Das ist alles nicht so einfach. Hipster tragen neben dem Vollbart oft auch einen Pappbecher von Starbucks mit sich, haben alte Kleidung an oder sitzen in der Wiese und trinken Dosenbier", meint eine Sprecherin. Daher seien einzelne Verwechslungen „durchaus nachvollziehbar".

Im Wiener Stadtpark treffen wir Jonas (24), vollbärtiger Grafikstudent aus Hamburg. Für ihn hatte die Verwechslung fast nur positive Auswirkungen: „Immer, wenn ich im Stadtpark gechillt habe, wurde ich oft von total netten Sozialarbeitern gefragt, wie es mir geht. Super Stadt ist das, dieses Wien!", meint er, während er über seine Umhängetasche aus recycelten LKW-Planen streicht.

Gut findet er, dass er vom Statistikamt zu einer Randgruppe gezählt wird: „Mainstream ist ohnehin nicht so meins. Ich hab einen individuellen Style." Nur dass ihm hin und wieder Passanten ungefragt Euromünzen in seinen Soja-Latte-Frappuccino werfen, während er etwa gerade auf den Bus wartet, stört ihn.

Jetzt, wo der Messfehler erkannt wurde, könnte die gemessene Armut in Wien schlagartig um über 40 Prozent zurückgehen. Ganz zum Missfallen von Jonas: „Was? Minus 40 Prozent Armut? Wien wird ja immer mehr zu so einer scheiß versnobten Stadt. Ich glaub, ich hau ab nach Monrovia."

Experten zufolge könnte aus demselben Grund auch die Anzahl der Dschihadisten in Österreich weitaus niedriger sein als bisher geschätzt.

 83 700 Leser ➤ 22 100 Shares

Alexander L.: Die Caritas fordert bereits die versehentlich an Hipster abgegebenen Altkleiderspenden zurück.

Josef W.: Hab einem Hipster ins Bein geschossen. Jetzt hopst er.

Heinisch-Hosek verliert USB-Stick mit allen Zentralmatura-Arbeiten

Die Pannenserie rund um die Zentralmatura erreicht einen neuen Höhepunkt: Bildungsministerin Heinisch-Hosek hat eigenen Angaben zufolge den USB-Stick verloren, auf dem alle Matura-Arbeiten gespeichert waren. 19200 Schüler müssen deshalb morgen die Matura wiederholen.

Der Schock sitzt tief: „Ich wollte den USB-Stick daheim am Schreibtisch aus meiner Desigual-Handtasche nehmen, denn als Ministerin ist es ja meine Aufgabe, alle Arbeiten persönlich zu korrigieren. Aber ich konnte ihn nirgends finden", erzählt die Bildungsministerin geknickt.

Dabei waren die Sicherheitsmaßnahmen hoch: Ein Security-Dienst transportierte den kugelsicheren USB-Stick in ihr Büro, wo er unter Polizeischutz übergeben wurde, während ein Eurofighter den Luftraum sicherte.

Heinisch-Hosek will nun all jene Orte durchsuchen lassen, an denen sie in den letzten beiden Arbeitstagen gewesen ist: „Ich bin zuversichtlich, dass der Stick doch noch auftaucht, denn so groß ist das Café Landtmann ja auch wieder nicht."

Trotz des Missgeschicks hält die SPÖ an der Zentralmatura fest, denn nur durch landesweit einheitliche Aufgaben könne man feststellen, in welchen Schulen Aufholbedarf besteht. Bereits letztes Jahr habe sich etwa gezeigt, dass im Wiener Theresianum der schlechteste Maturant immer noch bessere Deutschkenntnisse hatte als der Deutschprofessor der HAK Mistelbach.

Heinisch-Hosek sieht die Panne um den USB-Stick auch als Chance und plant bereits eine noch zentralere Zentralmatura: „In Zukunft wird nicht mehr jeder Schüler eine eigene Note bekommen, sondern alle Noten aller Maturanten werden zusammengerechnet. Dann wird der Notenschnitt ermittelt und jeder Schüler in Österreich bekommt am Ende die gleiche Note." Dies soll gewährleisten, dass jeder Maturant die gleichen Chancen am Arbeitsmarkt vorfindet.

Ab 2018 schließlich soll dann die letzte Stufe der Zentralmatura umgesetzt werden: Die Matura wird nicht nur für alle Schüler am selben Tag stattfinden, sondern auch am selben Ort, wie Heinisch-Hosek erzählt: „Die Matura kommt nicht mehr zu den Schülern, sondern die Schüler kommen zur Matura." Geplant ist, dass alle rund 20 000 Maturanten die Prüfung im Wiener Ernst-Happel-Stadion ablegen.

*** UPDATE (10:02 Uhr) ***
Angeblich lag eine Verwechslung zweier identer Desigual-Handtaschen vor. Wie das Bundeskanzleramt soeben bestätigte, wurde der USB-Stick inzwischen in der Handtasche von Werner Faymann gefunden. Dieser beteuerte jedoch, dass er den USB-Stick löschen und formatieren musste, da er Speicherplatz für die PDFs seiner neuen Inserate-Kampagne „Weltlich. Wendig. Weise. Werner." brauchte.

 84 270 Leser   14 520 Shares

Pa S.: Die NSA hat eh ne Sicherungskopie.

Joe L.: Da Strache glaubts sicher wieder.

„Habe Beweise, dass Osama Bin Laden noch lebt", behauptet Ex-Politiker Adolf Hitler

Nachdem ein renommierter US-Journalist und Pulitzer-Preisträ-ger diese Woche behauptet hatte, die CIA habe bei der Darstellung des Ablaufs von Bin Ladens Tötung gelogen, sind nun neue Vorwürfe aufgetaucht: Der ehemalige österreichische Politiker Adolf Hitler meldete sich zu Wort und erklärte, er habe Beweise, dass Bin Laden im südamerikanischen Exil immer noch am Leben sei.

Für alle, denen der Name Hitler heute nichts mehr sagt: Der gebürtige Braunauer führte in den 40er-Jahren des vorigen Jahrhunderts das Deutsche Reich an, sah aber aufgrund diplomatischer Verstimmungen mit anderen Nationen sein Leben in Gefahr und musste ins Exil nach Argentinien fliehen.

Als wir den heute 126-jährigen Hitler in seiner argentinischen Seniorenresidenz besuchen, wird er sofort laut: „Bin Laden lebt, ich habe ihn selbst gesehen!", erzählt Hitler, der sein Bett kaum noch verlässt, aber geistig fit wirkt.

„Meine Pflegerin hat mich letztens runter in unser kleines Provinzdorf mitgenommen, wo Elvis Presley ein Konzert gespielt hat", berichtet Hitler. „Auf einmal betritt ein schlaksiger Mann mit Turban die Bar, neigt sich rüber zu mir und fragt: ‚Wolle Rose kaufen?'" Hitler habe den Mann angesehen und sofort als Bin Laden erkannt, der anscheinend als Blumenverkäufer sein Auskommen findet.

Von Bin Ladens Verschwinden hätten laut Hitler beide Seiten profitiert: US-Präsident Obama schaffte durch die angebliche Tötung seine Wiederwahl. Bin Laden hingegen wollte seinen acht Ehefrauen seinen Tod vortäuschen, um endlich Ruhe zu haben.

Hitler selbst sei damals aus einem ähnlichen Grund geflohen, wie er uns verrät: „Vor den Nürnberger Prozessen hatte ich eigentlich gar keine so große Angst. Aber was glaubt ihr, was bei mir zu Hause los gewesen wäre, wenn ich von der Arbeit heimgekommen wäre und zu meiner Eva gesagt hätte: Schatz, schlechte Nachricht, wir müssen den Gürtel enger schnallen, ich habe gerade einen Weltkrieg verloren!"

Doch ist Hitler wirklich noch glaubwürdig, oder will hier nur jemand noch einmal Aufmerksamkeit erregen, der schon lange von der Bildfläche verschwunden ist? Sämtliche Zeitungen, denen Hitler die Materialien über Bin Laden anbieten wollte, lehnten sofort ab. Von der *New York Times* über den *Spiegel* bis hin zum *Standard* erklären alle Chefredakteure geschlossen, dass man Adolf Hitler keine Plattform geben möchte.

Lediglich die Gratiszeitung *Österreich* scheint interessiert und druckt Adolf Hitlers Gedankensplitter ab nächster Woche als tägliche Kolumne ab, und zwar unter dem Titel „Österrrrrrreich heute".

 106 450 Leser   10 880 Shares

Leotrim M.: Ahhh, Adolf und seine Verschwörungstheorien … Letztens wollte er mir weismachen, dass Strache sein unehelicher Sohn ist.

Rene K.: An HC Strache: die Blumenbestellung und das Flugticket stornieren. Es ist wiedermal nur Satire.

Sensationsfund am Zentralfriedhof: Bruno Kreisky hat sich im Grab umgedreht

Einen Sensationsfund meldet die Leitung des Wiener Zentral-friedhofs: Offenbar hat sich der ehemalige Bundeskanzler Bruno Kreisky im Grab umgedreht. Die Wissenschaft steht vor einem Rätsel.

„Wir haben das Grab geöffnet, um laut Vorschrift die Überreste tieferzulegen", erzählt der Totengräber Fred Strebl (39). „Auf ein-mal merken wir, dass der Kreisky sich im Grab komplett umge-dreht hat." Die Gebeine des ehemaligen SPÖ-Kanzlers waren ge-genüber der Ursprungsposition bei der Bestattung um mehr als 180 Grad gedreht.

Geologen konnten anhand umliegender Erdschichten rekons-truieren, wann Kreiskys Gebeine in Bewegung kamen, wie Prof. Ludwig Mahrer von der TU Wien erklärt: „Kreisky hat sich ab An-fang des Jahres 2007 in Bewegung gesetzt, ziemlich genau in dem Moment, als Alfred Gusenbauer Bundeskanzler wurde."

Damals jedoch sei die Rotation noch minimal gewesen. „Aber seit Faymann SPÖ-Chef ist, wurde die Drehung immer schneller, und wir gehen davon aus, dass er schon bald so schnell im Grab rotieren wird, dass es mit freiem Auge sichtbar ist." Außerdem haben sich die Gebeine nicht nur gedreht, Kreisky hat sich im Grab sogar ans Hirn gegriffen.

Obwohl das Wann feststeht, ist das Warum ungeklärt. Die Leitung des Wiener Zentralfriedhofs vermutet ein übersinnliches Phänomen und hat nun Parawissenschaftler und Geisterjäger zu Hilfe gerufen.

„Normalerweise kommunizieren Tote nicht aus dem Jenseits mit uns Lebenden", erzählt die britische Geisterjägerin Liviana IV. und erklärt weiter: „Aber ich habe mir die aktuelle SPÖ einmal genauer angesehen, habe Infrarot-Aufnahmen der Gehirnströme aller Minister angefertigt und elektromagnetische Strömungen an Faymann gemessen. Dabei habe ich festgestellt, dass die SPÖ-Führung derzeit noch schwächere Signale aussendet als die Mumie von Ötzi."

Die Geisterjägerin vermutet, dass die Seele von Kreisky deshalb irrtümlich davon ausgeht, dass die österreichische Sozialdemokratie bereits endgültig tot ist, und er deshalb verzweifelt versucht, noch einmal Kontakt aufzunehmen.

Während die Suche nach der Ursache weitergeht, häufen sich mysteriöse Ereignisse in der SPÖ. Parteimitglieder berichten von weiteren paranormalen Aktivitäten: Als Faymann diese Woche bei einer Rede seine neuen Ideen für die SPÖ vorstellte, hat es dabei zeitgleich in der Küche einem Fass den Boden ausgeschlagen.

 158 740 Leser   32 320 Shares

Silvia S.: ganz falsch! angesichts des zustandes seiner partei müsste er sich bereits bis zum erdkern durchrotiert haben!

David M.: Kein wunder … Die roten von damals haben mit denen von heute nichts mehr gemeinsam … Schade!

Niederösterreich baut Zeltstädte für Wiener, die vor Song Contest flüchten

Das Asylheim Traiskirchen erlebte in den vergangenen Tagen einen enormen Ansturm von verzweifelten Menschen, die ihr Hab und Gut in Wien zurückgelassen haben, um dem Song Contest zu entkommen. Jetzt reagiert Niederösterreich und beginnt mit dem Bau von provisorischen Zeltstädten, um die Versorgung der Flüchtlinge aus der Bundeshauptstadt gewährleisten zu können.

„Das ist wirklich nur eine Übergangslösung", beschwichtigt der Bürgermeister von Traiskirchen, Andreas Babler. Die Zelte sind mit allen möglichen Dingen ausgestattet, die ein Wiener zum Leben benötigt, wie etwa einem Feldbett, sanitären Anlagen sowie einem dampfenden Würstelstand mit ranzigen Käsekrainern.

Damit sich die Wiener ganz wie zu Hause fühlen, wird im Flüchtlingslager auch eine Buslinie eingerichtet, deren Busse heillos überfüllt sind und regelmäßig viel zu spät kommen oder überhaupt ohne ersichtlichen Grund ausfallen.

Das Ehepaar Winkler aus Wien-Meidling gehörte zu den Ersten, die in Traiskirchen eintrafen. Ehemann Karl erzählt: „Ich geh letztens die Kärntner Straße entlang, da singt mich plötzlich aus dem Nichts ein Kanaldeckel an." Hals über Kopf verließen die schwer traumatisierten Winklers die Stadt. „Ich hoffe nur, dass unsere Kinder und Enkerln das auch noch irgendwie schaffen", schluchzt Ehefrau Claudia.

Von der Bezirksverwaltung Traiskirchen heißt es, das Zusammenleben mit den Wienern funktioniere gut. Doch ein Lokalaugenschein offenbart einen gegenteiligen Eindruck. So meint ein Einwohner von Traiskirchen, der anonym bleiben will: „Wir kommen hier ja mit vielen Kulturen in Berührung. Aber mit den Wienern ist es wirklich schwierig."

Er erzählt: „Gestern wollte ich einem von ihnen mein Gulasch anbieten. Da fangt er an zu raunzen, dass es so heiß ist. Biete ich ihm stattdessen ein Schnitzel an. Fangt er an zu raunzen, dass er jetzt auswählen muss. Sag ich ihm, na dann nimm halt das Schnitzel. Fangt er an zu raunzen, dass ich ihn bevormunde."

Auf Nachfrage schließt die Landesverwaltung Niederösterreichs eine Abschiebung der Wiener in ihre Heimatstadt aus: „Flucht vor Bürgerkriegen, Verfolgung oder Song Contests sind anerkannte Asylgründe. Eine Rückführung wäre inhuman", bestätigt eine Sprecherin.

Gefundenes Fressen für die FPÖ Traiskirchen: Die bereitet demnach schon eine Anti-Wiener-Kampagne vor, mit klingenden Slogans wie „Ordnung und Härte statt Hipster-Bärte!", „Traiskirchen darf nicht Neubaugasse werden" und „Deutsch statt *Heast i tua die ned verstehn*".

 54 900 Leser   ➤ 22 600 Shares

Roland K.: Die Schattenseiten der Paralympics für Musiker!

Jochen J.: Was gibt's da an Taschengeld und Verpflegung, und muss man zum Essen anstehen ? Und haben die Zelte auch Klimaanlage ? Ich hätte gern ein 2-Personen-Zelt mit einem großen Bett und Frühstück nicht vor 11 Uhr.

Foto: ORF/Milenko Badzic

Frisör wird nicht fertig: The Makemakes sagen Song-Contest-Auftritt ab

Seit acht Tagen schon arbeitet der Frisör der „Makemakes" an den Haaren der Bandmitglieder – doch jetzt steht fest: Die Zeit reicht nicht mehr, um die Frisuren der Musiker in eine fernsehtaugliche Form zu bringen. Die Band zog daher die Notbremse und sagte die Teilnahme am Song Contest kurzfristig ab.

„Leider bleibt uns nichts anderes übrig", erklärt Sänger Dominic und wirft vor Wut den Fön an die Wand. „Wir schaffen es einfach nicht mehr, Schnitt und Fassung in unser Haar zu bringen", schluchzt Bassist Markus und reißt sich dutzende Lockenwickler vom Kopf. Tränen vermischen sich mit Haargel, Haarspray und Pflegespülung und kullern dickflüssig die Wangen hinunter.

Auf Twitter bekundeten zahlreiche Fans unter #katHAARstrophe ihre Anteilnahme. ORF-Chef Wrabetz ist zurzeit backstage und versucht, die Band zu beruhigen: „Klar sind sie enttäuscht, aber die Burschen wissen selbst genau: So wie sie jetzt aussehen, kann ich sie zur Hauptsendezeit nicht ins Fernsehen lassen. Dann wäre der Song Contest FSK 18 und dürfte laut Gesetz nicht vor 23:00 Uhr beginnen."

Laut aktuellen Meldungen hat der Frisör heute Nachmittag im Gebiet zwischen dem Ohr und der Schläfe des Sängers ein Burnout erlitten. Die Band ist jedoch auf ihren Stammfrisör angewiesen und ein Auftritt ohne ihn ist unmöglich, wie der Manager betont: „Er war der einzige Frisör Österreichs mit der Fähigkeit, die Haare so zu gestalten, wie die Makemakes es wünschten."

Trotz intensiver Suche konnte in ganz Wien kein Frisör gefunden werden, der mit den Musikern zusammenarbeiten wollte. Der Vorsitzende der österreichischen Frisörinnung verteidigt die ablehnende Haltung seiner Mitglieder in einer Aussendung: „Was die Band ‚The Makemakes' unter dem Begriff ‚Frisur' versteht, ist nicht mit dem Berufsethos unserer Zunft vereinbar."

Der ORF musste nun kurzfristig Ersatz auftreiben und konnte in der Eile nur noch auf eine interne Lösung zurückgreifen: Österreich wird beim Song Contest nun von Peter Rapp vertreten, der die Titelmelodie der „Brieflos-Show" summen wird. Wolfram Pirchner begleitet ihn und pfeift dazu in eine leere Bierflasche. Die Buchmacher sehen Österreich nun wieder unter den Top 3.

Der Schock bei den Makemakes sitzt tief, denn die Vorbereitungen auf den großen Moment heute Abend waren enorm: „Monatelang waren wir im Proberaum und haben verschiedene Dinge versucht: mal wild gelockte Haare, mal sanft gewellt. In jeder Probe haben wir die Zöpfe anders arrangiert, und jetzt das!"

Das Karriereende sei dies jedoch nicht. Ganz im Gegenteil: „Jede Krise birgt eine Chance; wir planen bereits für die Zukunft. Unser großes Ziel ist Amerika. Wir wollen uns einmal dort frisieren lassen, wo schon die Rolling Stones frisiert wurden."

Anmerkung: The Makemakes traten schließlich doch auf und landeten – gemeinsam mit dem Beitrag aus Deutschland – unverdienterweise mit null Punkten am Ende des Feldes.

 55 790 Leser   7850 Shares

Dominic Muhrer (Sänger der Band):
Es tut uns sehr leid! Ich entschuldige mich hiermit im Namen unserer Band! Wir haben alles versucht … leider war es für alle zu spät. Sorry!

Foto: Fotolia.com

Österreich ab sofort wieder ganz normale homophobe Bananenrepublik

Die Party ist vorbei! Nach dem Ende des Song Contests kehrt Österreich wieder zum Alltag zurück und wird ab sofort wieder dieselbe, ganz normale homophobe Bananenrepublik wie vor dem Bewerb. Das gab heute die Regierung bekannt.

„Einen Spaß hamma g'habt mit den Schwuchteln und Transen und Würsten", bestätigte Vizekanzler und ÖVP-Chef Reinhold Mitterlehner im Café Landtmann gemeinsam mit Kardinal Christoph Schönborn. „Aber mia san mia, der Song Contest ist vorbei. Ab jetzt besinnen wir uns wieder auf die uns wichtigste, urösterreichische Freiheit, die uns die heilige Bibel garantiert: die Freiheit, Menschen aufgrund ihrer Sexualität zu diskriminieren."

Doch der ÖVP-Chef wahrte auch den Anspruch auf Modernität: „Die Volkspartei ist durch und durch fortschrittlich. Wir orientieren uns seit dem letzten Parteitag nicht mehr am Alten Testament, sondern nur mehr am Neuen."

Auch das Wiener Stadtbild kehrt endlich wieder zu seinem Ursprungszustand zurück. Funktionäre der Jungen Volkspartei werden in den kommenden Tagen sämtliche homosexuellen Ampelpärchen durch heterosexuelle Pärchen in Lederhose und Dirndl ersetzen. Zum Zeichen der Modernität werden die Pärchen kein Bier in der Hand halten, sondern ein Wodka-Red Bull. Auch aus den singenden Kanaldeckeln werden schon bald keine internationalen Hits mehr erklingen, sondern nur mehr traditionelle heimische Musik wie etwa DJ Ötzi.

Werner Faymann, der während des Gesprächs im Café Landtmann schweigend am Nebentisch saß, wollte sich nicht äußern. Er plant gerade eine Österreich-Tour zu all seinen Fans durch die größten heimischen Seniorenheime.

Enttäuscht über den Schritt zeigten sich die Flüchtlinge in den Zeltstädten in Oberösterreich. „Ich dachte einige Tage lang, Österreich ist tolerant und offen gegenüber anderen Menschen", meint Kriegsflüchtling und Zeltstadtbewohner Khaled aus Syrien, während er näher an die Feuerstelle vor dem Zelt rückt.

 66 720 Leser   ➤ 10 790 Shares

Mario B.: Nächster Song Contest in Österreich wird ungefähr 2089 sein … natürlich in der Stadthalle und mit den gleichen Moderatorinnen …

Thomas E.: Und wieder sind, nach 70 Jahren, Deutschland und Österreich gemeinsam untergegangen.

Foto: Foltin Jindrich / Wirtschaftsblatt / picturedesk.com

Sogar Grüne lehnen Asyl ab: Telering-Inder wird abgeschoben

Nach den Zeltstädten gibt es erneut Aufregung in der Flüchtlings-debatte. In einer Nacht-und-Nebel-Aktion hat die Fremdenpo-lizei den Telering-Inder in Schubhaft genommen, um ihn noch diese Woche nach Indien abzuschieben. Politik und Menschen-rechtsorganisationen begrüßen die Entscheidung.

„Wir waren lange tolerant, mussten jetzt aber handeln", be-gründet das Innenministerium die Entscheidung. „Die Auftritte des Telering-Inders erfüllen mehrere Straftatbestände. Insbeson-dere der seit Langem andauernde und gezielte Anschlag auf den öffentlichen Anstand war ausschlaggebend für die verhängte Schubhaft."

Der Telering-Inder selbst wehrte sich bei seiner Verhaftung: „Ich bin Schauspieler! Das ist doch bloß eine Kunstfigur. Das ist ein Irrtum!", schrie er und übergab den Behörden als Beweis mehrere Dokumente und sogar seinen österreichischen Pass. „Leider sind bei uns keinerlei Papiere eingelangt", beteuert jedoch ein nervös wirkender Polizist, während er den Reißwolf zurück in den Schrank stellt.

Der prominente Schubhäftling fürchtet um seine Zukunft, denn in Indien drohen lächerlichen Werbefiguren per Gesetz bis zu 30 Jahre Kerker. Die Caritas steht in diesem Fall auf der Seite der Behörden und erklärt die Problematik: „„Frag doch den Inder!', wollte er uns immer weismachen. Aber wozu? Warum soll ich einen Inder fragen, was hier in Österreich die günstigsten Handytarife sind? In Indien wird ja auch nicht der Seppl aus Tirol gefragt, wo man in Kalkutta die billigste Versicherung abschließen kann."

Der Telering-Inder hoffte bis zuletzt auf die Unterstützung der Grünen, doch selbst Peter Pilz erklärte, dass er den Schubhäftling nicht vertreten kann: „Es tut mir leid, aber diese Woche kann ich leider nicht, da muss ich Wäsche waschen, fernsehen und … nein, ich kann leider wirklich nicht."

Inzwischen solidarisierte sich auch die Kunstwelt. Elfriede Jelinek behandelt den Fall in ihrem experimentellen Theaterstück „Baba und foi ned", während André Heller in seiner Performance „Indien, Indien" darstellen will, dass er der größte Künstler aller Zeiten ist. Vor der Uni Wien versammeln sich zurzeit 4000 Studenten, die lauthals für die Abschiebung protestieren.

Bei seinem bisherigen Arbeitgeber, Telering, plant man bereits für die Zukunft, will aber weiterhin auf Migranten setzen. „Das Konzept hat sich bewährt", verrät ein Pressesprecher. „Wir casten bereits für den neuen Werbespot mit Ramsan, dem Telering-Tschetschenen."

Der Telering-Inder selbst musste inzwischen auch den letzten Funken Hoffnung aufgeben. Die Polizei gestattete ihm einen Anruf an den einzigen Anwalt, der ihn doch noch vertreten wollte. Leider konnte der Inder den Anwalt nicht erreichen, da das Telering-Netz überlastet war.

Anmerkung: Telering reagierte auf den Artikel (siehe Leserstimme). Chapeau!

 57 400 Leser  6390 Shares

> *tele.ring (offizielle Facebook-Seite)*: Letztendlich war es wohl nur eine Frage der Zeit, nachdem wir die letzte Abschiebung durch einen kleinen Trick noch verhindern konnten, indem wir aus dem ‚Inder' einfach einen ‚Inder Hood' gemacht haben. Lange konnte das so aber auch nicht gut gehen.

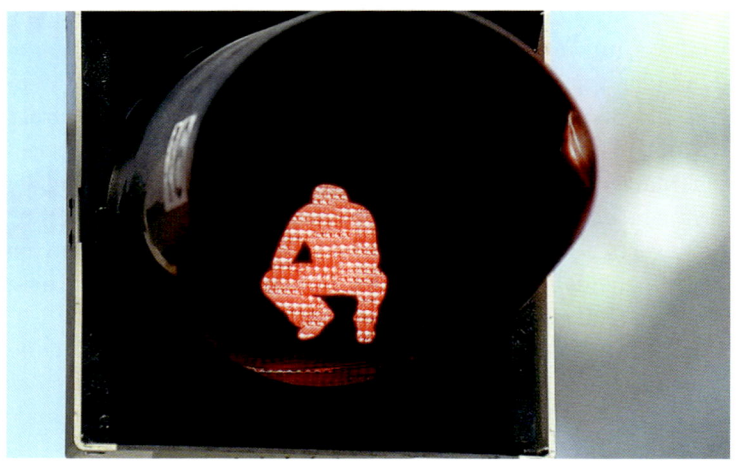

Foto: Fritz Jergitsch (Montage)

Ampelpärchen gibt Trennung bekannt

Es hat nicht sollen sein: Die Wiener Ampelmännchen haben ihre Trennung bekannt gegeben. Das homosexuelle Paar, das erst vor zwei Wochen zusammengezogen war und durch öffentlichkeitswirksame Auftritte viele Anhänger gefunden hatte, begründete die Trennung mit „eintönigem Arbeitsalltag" sowie massiver Kritik der Öffentlichkeit.

„Eine öffentliche Beziehung zu führen, das ist nicht einfach", so Karl Huber, die eine Hälfte des homosexuellen Pärchens. „Alle Blicke waren auf uns gerichtet. Das war zu viel für mich." Nicht selten hätte er einfach nur mehr „rot gesehen".

So schnell wie möglich will das lebenslustige Männchen nun aus der gemeinsamen Ampel in der Wiener Mariahilfer Straße ausziehen. „Das war sowieso nur eine Zwischenlösung", so Karl zur **TAGESPRESSE**.

Der gebürtige Wiener sei ohnehin eher die extrovertierte Rampensau, Ex-Partner Andreas dagegen mehr der introvertierte Typ. „Er verbrachte fast die ganze Zeit auf Grindr, während ich mich um die Arbeit kümmerte", so Karl über die Hintergründe der Trennung. „Mit dem Partner am selben Arbeitsplatz, noch dazu auf so engem Raum, das ist sowieso eine schlechte Idee."

Für Karl, der quasi über Nacht zum Promi wurde, war das zu viel. „Wir wurden ja regelrecht in die Öffentlichkeit gezerrt. Keine Beziehung hält das auf Dauer aus." Die Herzchen, die sich die beiden Turteltauben anfangs noch zugeworfen hatten, seien irgendwann nur mehr Show gewesen. „Für unsere Liebe steht die Ampel jedenfalls auf rot", so Karl zerknirscht.

Der Junggeselle nimmt sich nun eine Auszeit und würde gerne andere Städte und Länder bereisen. „Hauptsache raus aus Wien. Mal was anderes sehen!" Seinem Ex-Partner Andreas wünscht er „nur das Beste", sie würden „bestimmt Freunde bleiben".

Anmerkung: Im Rahmen des Song Contests installierte die Stadt Wien neue Ampelfiguren in der ganzen Stadt, auf denen auch homosexuelle Paare abgebildet waren. Dies sorgte weltweit für Aufsehen und weitgehend positive Reaktionen.

 80 070 Leser ➤ 17 330 Shares

Heinz S.: oje, und das mitten in der begegnungszone!

Pa S.: Und die Scheidungskosten darf wohl wieder der Steuerzahler bezahlen oder wie …

Österreich schließt Grenze zur Steiermark

Österreich schließt seine Grenze zur Steiermark. Dies gab Innenministerin Johanna Mikl-Leitner heute bekannt. Bereits in den kommenden Tagen soll mit dem Bau eines Grenzzauns begonnen werden. Der Schritt wird als „Präventivmaßnahme" gegen den erwarteten Flüchtlingsstrom nach dem gestrigen Wahlergebnis bezeichnet.

„Vorerst darf von der Steiermark aus nicht mehr nach Österreich eingereist werden", meinte die Innenministerin und fügte warnend hinzu: „Auch von einer illegalen Ausreise wird dringend abgeraten. Jeder weiß, der steirische Dialekt lässt sich nicht verstecken."

Eine Blitzumfrage unter der steirischen Bevölkerung ergab überraschenderweise, dass zumindest 27 Prozent den Schritt sogar begrüßen: „Endlich sind die Grenzen dicht, jetzt kommen keine Ausländer mehr!", freut sich etwa Karl T. aus Leoben, wo angeblich bereits zwei Ausländer leben.

Der Innenministerin zufolge bleibt die Grenze nur vorübergehend geschlossen; je nach der weiteren Entwicklung höchstens „ein bis zwei Jahrzehnte". Tatsächlich scheint es so, als würde nach der gestrigen Wahl im Bundesland kein Stein mehr auf dem anderen bleiben.

Landeshauptmann Voves, der vor der Wahl bei einem Ergebnis von unter 30 Prozent zurücktreten wollte, bestätigte gegenüber der **TAGESPRESSE**, dieser Ankündigung tatsächlich nachzukommen: „Ja, ich werde zurücktreten. Genauer gesagt: Mein altes Ich tritt zurück. Ab morgen übernimmt das Amt dann mein neues Ich!"

Dieses neue Ich arbeitet Voves momentan mit führenden Politik-Experten aus. „Ich will noch nicht zu viel verraten. Nur so viel: Momentan mache ich gerade eine Ausbildung zum Zahntechniker, lerne Paintball spielen, bestelle stets immer nur drei Bier und falle auf Satire-Artikel rein. So werde ich bei den Wählern bestimmt wieder super ankommen!"

Bereits in der Nacht auf Montag griff die Polizei erste Flüchtlingsboote im Hallstätter See an der Grenze zu Oberösterreich auf. Ein beteiligter Polizist zeigt sich schockiert: „Der Hallstätter See ist wirklich saukalt. Diese Menschen müssen verzweifelt sein, wenn sie diese gefährliche Überfahrt wagen."

Anmerkung: Am Abend vor Erscheinen des Artikels gelang der FPÖ ein massiver Stimmenzugewinn bei der steirischen Landtagswahl. SPÖ und ÖVP verloren beide stark.

 225 080 Leser   35 060 Shares

Manfred K.: Angeblich wird die Staria, das göttliche Kernölgesetz, eingeführt! Bei Ungläubigen per Einlauf!

Dominik S.: Mein armer Bruder lebt in Fürstenfeld … Wir brauchen eine Familienzusammenführung! Ich schwöre, er hat einen Salzburger Pass.

Otto S.: Voraussichtlich wird Die TAGESPRESSE demnächst durch die Große steirische Firewall gesperrt …

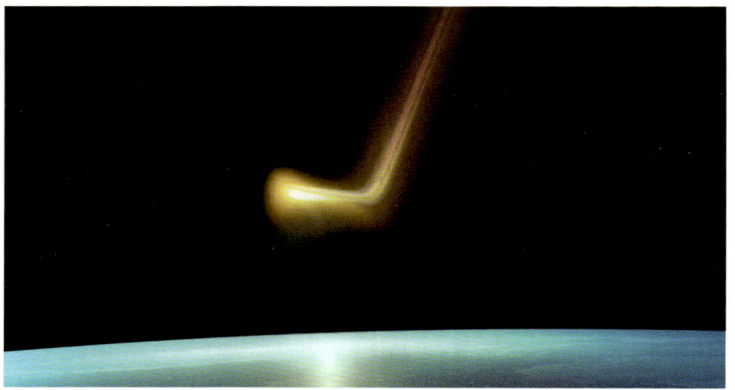

Foto: Fritz Jergitsch (Montage)

NASA bestätigt: Meteorit, der auf Österreich zusteuerte, wendet sich angeekelt ab

Laut NASA steuerte am Wochenende ein ca. 70 Tonnen schwerer Meteorit direkt auf Österreich zu. Doch als der Himmelskörper über der Steiermark bereits mit bloßem Auge sichtbar war, änderte er angeekelt seinen Kurs und flog fluchtartig retour ins All.

Im NASA-Protokoll zur Meteoriten-Sichtung heißt es: „Der Meteorit nahm an, dass er sich immer noch im All befindet, da er über Österreich keine Anzeichen für intelligentes Leben verspüren konnte. Als er jedoch seinem Ziel näher kam, realisierte er, wo er einschlagen würde und für immer bleiben müsste."

Dann geschah es: „Er schlug panisch einen Haken, rotierte die Position, erhöhte die Geschwindigkeit und flüchtete zurück ins Weltall, wo er sich in einer Ecke am Ende des Universums verkroch und seither verängstigt um sich selbst kreist."

In Österreich reagierte man auf diese Begründung beleidigt und mit gekränktem Nationalstolz. Innenministerin Mikl-Leitner ließ das Zelt wieder abbauen, das sie dem Meteoriten als Unterkunft zur Verfügung gestellt hätte. Ein Mitarbeiter der Sternwarte Wien erklärt verärgert: „Der Meteorit kann gerne dahin zurückgehen, wo er hergekommen ist!"

Auch das Wiener Naturhistorische Museum möchte seine Linie ändern und in Zukunft – Zitat – „in unseren Ausstellungen nur noch hiesige Meteoriten ausstellen, bei denen sicher ist, dass sie aus Österreich stammen". FPÖ-Chef Strache wiederum zeigt sich bestärkt durch die Wahlerfolge und fordert: „Grenzen dicht an der Milchstraße!"

Die Regierung will nun vermehrt eigene Forschungen im All betreiben und entwickelt gemeinsam mit der TU Wien die Weltraumsonde „Deep Space Karlsplatz", die spätestens 2017 starten soll. Bis dahin wird Werner Faymann persönlich jede Nacht vor dem Einschlafen mit einer Lupe auf den Himmel blicken und nach dem Rechten sehen.

Die NASA hingegen will Österreich jetzt noch genauer beobachten und glaubt, dass hier eine Art Eingangspunkt ins Weltall bestehen könnte. „Doch das könnte noch eine Gefahr für die ganze Menschheit werden", warnt Dr. Francis Kelly. „Stellen Sie sich vor, bewaffnete Aliens landen einmal in Wien, steigen aus und sagen: ‚Wir kommen in Frieden.' Und das Erste, was sie sehen, ist ein Österreicher, der mit einer Leberkässemmel im Mund antwortet: ‚Geh scheißen, du Oaschloch!'"

 168 760 Leser   30 700 Shares

Harald S.: Wäre der Meteorit eingeschlagen, dann hätte er alles intelligente Leben auf der Erde zerstört und die FPÖ hätte die Weltherrschaft an sich gerissen. Grausame Vorstellung.

Norbert M.: Sogar der Meteorit ist schlauer als manche Österreicher.

Kiki H.: Der hätte sowieso keine Aufenthaltsbewilligung bekommen!

Foto: Getty Images/Montage

Blatter-Nachfolger gefunden: FIFA wählt Quereinsteiger José Blattéro zu neuem Chef

Im Rahmen einer außerordentlichen Sitzung wählte die FIFA heute überraschend einen Nachfolger für Joseph Blatter (79). Der Schweizer wird vom bisher vollkommen unbekannten Mexikaner José Blattéro (79) ersetzt. Doch wer ist dieser Mann? Eine Spurensuche.

José Blattéro tauchte wie aus dem Nichts auf, und das auch noch genau im richtigen Moment. Während der Sitzung am Morgen verabschiedete sich Joseph Blatter für immer, tuschelte Funktionären etwas ins Ohr und verließ kichernd das FIFA-Gebäude. Nur wenige Sekunden später kam durch dieselbe Tür José Blattéro in den Raum. Während Journalisten noch rätselten, wer dieser Mann überhaupt ist, wählten die Funktionäre der FIFA Blattéro innerhalb weniger Sekunden einstimmig zum neuen Chef.

„Es ist mir eine Ehre und ich nehme diese Aufgabe an", erklärt der Mexikaner auf Schweizerdeutsch. Journalisten aus Spanien haken nach und wollen wissen, warum er kein Spanisch mit ihnen spreche. „Si habla español! Tacos. Burritas e viva la Mexico! Gracia. Enrique Iglesias", antwortet Blattéro wie aus der Pistole geschossen und demonstriert seine Spanischkenntnisse.

Blattéro fordert bei seiner Antrittsrede trotz aller Vorkommnisse Milde für Sepp Blatter: „Ja, er hat Fehler gemacht, aber er war auch nur ein Mensch. In jedem von uns steckt ein bisschen Blatter, auch in mir", erzählt Blattéro, zwinkert auffällig unauffällig und betont weiter, dass er nicht mit dem FBI zusammenarbeiten will: „Das ist nun nicht mehr notwendig. Ich habe das gesamte Vermögen von Sepp Blatter persönlich einfrieren lassen." Blattéro zeigt uns eine blaue Gefriertasche und verspricht, dass er gut auf das Geld aufpassen wird.

Gegen die Korruption in der FIFA will er hingegen ab sofort hart vorgehen. „Ich werde die Organisation komplett neu aufstellen und habe auch einen neuen FIFA-Anti-Korruptionsbeauftragten bestellt. Begrüßen Sie mit mir meinen arabischen Kollegen Scheich Jussuf Al-Plattah." Als sich niemand im Raum meldet, kommt Rätselraten auf. Wo ist der Scheich? „Oh Moment, der wartet draußen, ich geh ihn nur schnell holen", meint Blattéro und verlässt den Raum.

Schon kurz darauf betritt Scheich Jussuf Al-Plattah mit einem freundlichen „Grüezi" den Saal. Nur als ein Pressefotograf meint, er möchte José Blattéro und Jussuf Al-Plattah gemeinsam mit dem Ex-Chef Blatter für ein Gruppenfoto zusammenstellen, kommt kurz Aufregung unter den FIFA-Funktionären auf und die Sitzung wird beendet.

 114 400 Leser   28 820 Shares

Ole M.: Der Mann hat einen Schnauzer, er ist also sehr vertrauenswürdig!

Oliver B.: DER Mann sieht mal richtig vertrauenerweckend aus. Man hat das Gefühl, ihn schon ewig zu kennen.

Claudia H.: Ist das ein Witz? Sepp = Jose, Blatter = Blattéro. Falscher Schnauzer, Perücke. Wer steckt dahinter?!?

Tschechische Ahnen im Stammbaum entdeckt: Strache lässt sich selbst abschieben

Eine Schockwelle ging heute Früh durch die österreichische Innenpolitik: FPÖ-Chef Heinz-Christian Strache kündigte in einer Aussendung seine eigene Abschiebung aus Österreich an. Zuvor hatte er tschechische Vorfahren in seinem Stammbaum entdeckt, was ihm „jede Berechtigung, in diesem schönen Land zu wohnen", aberkennen würde.

Strache wollte sich noch heute den Behörden stellen und sich in Schubhaft begeben. Damit dürfte sein politischer Aufstieg zumindest vorübergehend vorbei sein. Von den Ahnen hatte er in seinem eigenen Wikipedia-Artikel erfahren, wo böhmische Vorfahren erwähnt werden.

DiE**TAGESPRESSE** spürte Strache vor dem Polizei-Anhaltezentrum am Flughafen Wien auf, wo er im Kreise seiner engsten Affären Baby (19), Cherry (18) und Bianca (23) noch eine letzte Zigarette rauchte. Als Zeichen seiner Kooperation mit den Behörden hatte er sich bereits selbst Plüsch-Handschellen angelegt.

„Es tut weh. Aber ich kann nicht vor Überfremdung warnen, um dann aber selbst zur Überfremdung beizutragen", erklärte er, während er seinen österreichischen Pass mit Eristoff Ice übergoss und vergeblich versuchte, ihn anzuzünden. „Ich könnte mich dann selbst nicht mehr im Spiegel anschauen … obwohl ich das doch so gerne mache."

Eigentlich ist eine Abschiebung nach Tschechien juristisch nicht möglich, da das Land EU-Mitglied ist. Davon lässt sich Strache allerdings nicht beeindrucken: „Wie, nicht möglich wegen der EU? Ich richte den Bürokraten in Brüssel ganz deutlich aus: Auch sie können mich nicht aufhalten."

Beim Abschied kommt auch Reue auf: „Was mich am meisten schmerzt: All diese Jahre hab ich als ausländischer FPÖ-Obmann einem tüchtigen Österreicher den Arbeitsplatz weggenommen", sagt er und schluckt. „Mit dem Obmanns-Einkommen hätte er seine österreichische Familie ernähren können. Und einmal im Jahr auf Ibiza vögeln."

Für die Zukunft in Tschechien hat sich Strache bereits feste Pläne gesetzt: „Ich will Politiker werden, mit imaginären Feindbildern Wahlsieg um Wahlsieg einfahren, zum Bürgerkrieg aufstacheln und dann als Kriegsflüchtling in Österreich um Asyl bitten."

Schweren Herzens dreht er sich um und lässt sich festnehmen. Wer weiß, vielleicht landet er eines Tages wieder als Schutzsuchender in einer der hiesigen Zeltstädte und beginnt, sich nach oben zu arbeiten – vorausgesetzt, Asylwerbende dürfen zu dem Zeitpunkt dann schon arbeiten. Strache setzt daher alle seine Hoffnungen auf die Grünen.

Die FPÖ soll vorübergehend von Harald Vilimsky geleitet werden, bis sich jemand gefunden hat, der so schön ist wie Strache. Doch auch bei Vilimsky machen sich schon Zweifel breit: „Ob mein Stammbaum wirklich einwandfrei ist? Bei meinem Nachnamen?"

 245 000 Leser   49 200 Shares

Thomas W.: Und dort will er keine Wohnung, keinen Job und keine Sozialleistungen, bevor er nicht perfekt tschechisch spricht.

Stefan L.: Tschechei statt Freiheitliche Partei!

Foto: Fritz Jergitsch (Montage)

Sommer-Aktion: Wiener Linien führen Open-Air-Züge ein

Alles einsteigen! Für die Sommermonate haben sich die Wiener Linien etwas weltweit Einmaliges einfallen lassen: Bis September werden auf allen U-Bahn-Linien Open-Air-Züge verkehren.

Die Fahrgäste dürfen sich damit auf actionreiche Fahrten durch das Wiener U-Bahn-Netz freuen. Bis Ende September werden die offenen Garnituren auf allen Linien mehrmals täglich verkehren. Kindern, Schwangeren und alten Menschen wird von einer Fahrt abgeraten.

DiE**TAGESPRESSE** durfte bei der Präsentation bereits in einem der Open-Air-Züge in der U4-Station Pilgramgasse Platz nehmen. „Bitte alle Handys, Sonnenbrillen, Bierdosen und Gratiszeitungen vor der Fahrt ablegen", erklärt uns der Pressesprecher.

Als Maßnahme gegen Schwarzfahrer gehen die Sicherheitsbügel erst dann zu, wenn man seinen Fahrschein entwertet hat. Ansonsten bleiben sie während der rasanten Fahrt geöffnet – „keine gute Idee", meint der Pressesprecher.

Innerhalb von nur sechs Sekunden beschleunigt das Gefährt daraufhin dank modernster Antriebstechnik auf rekordverdächtige 130 km/h. Doch nur Augenblicke später kommt das Gefährt dank modernster Bremstechnik innerhalb von drei Sekunden wieder zum Stillstand, weil in der Station Kettenbrückengasse ein schadhafter Zug steht.

Kaum sind die Fahrgäste von ihrer Bewusstlosigkeit wieder erwacht, beginnen sie begeistert zu applaudieren. Durch ein ausgeklügeltes Abflusssystem kann das Erbrochene ungehindert ablaufen.

Es besteht kein Zweifel: Mit den Open-Air-Garnituren ist den Wiener Linien wahrhaftig ein Coup gelungen.

 125 660 Leser   36 670 Shares

Bernhard N.: Für den echten Wiener wäre das perfekt! Man kann dann noch im Zug auf den Bahnsteig schlatzen oder seine Bierdose während der ganzen Fahrt entsorgen.

Michael D.: Das Bild muss ein Fake sein. Kein Wiener lacht in der U-Bahn.

Lukas D.: na endlich, hab auch gehört, die abwärts-rolltreppen werden durch rutschen ersetzt, weil diese behinderten-gerechter sind.

Bruch mit ÖSV: Anna Fenninger wechselt zum ÖFB-Nationalteam

Nach Tagen der Eskalation folgt jetzt der vorläufige Höhepunkt im Streit zwischen Anna Fenninger und dem ÖSV: Die Sportlerin beendet ihre Tätigkeit für den Skiverband und wird künftig im Fußball-Nationalteam aktiv sein. Das bestätigten sie und ÖFB-Chef Leo Windtner auf einer gemeinsamen Pressekonferenz.

„Ich hab die Lügen satt", erklärte Fenninger. „Beim ÖSV dreht sich alles nur um die Audi-Sponsorings und die Rauch-Sponsorings. Ich will, dass wieder das zählt, was im Sport wirklich wichtig ist: mein Mercedes-Sponsoring."

Der ÖFB steht ihr und ihren Werbeverträgen dagegen nicht im Weg. ÖFB-Boss Windtner sieht im Mercedes-Vertrag sogar Chancen: „Wer sein Leben lang nur Ski fährt, kann ja mit Fußballern ohnehin nicht mithalten. Fenninger wird sich am Spielfeld daher mit einem Motorroller von Mercedes fortbewegen."

Er ist zuversichtlich, dass sich die ehemalige Skirennläuferin schnell an die Gegebenheiten des Profifußballs gewöhnen wird. In der Nationalelf wird Fenninger ihren Platz im mittleren Mittelfeld finden. „Dort kann man nicht so viel falsch machen", erläutert Windtner.

Unter den ÖFB-Teamspielern wurde die Nachricht durchwegs positiv aufgenommen: „Das wird sicher leiwand mit ihr", meint etwa Stürmerstar Marko Arnautovic. „Ich bin schon gespannt, wie sie so mit den Bällen umgehen kann. (lacht) Checkt ihr's? Bälle, haha ... Checkt ihr's? (Stille) Ihr checkt es eh, oder?"

Ihr erstes Spiel als Fußballerin für den ÖFB wird Fenninger am 5. September in Wien gegen Moldawien bestreiten.

Anmerkung: Anna Fenninger zerkrachte sich beinahe mit dem Österreichischen Skiverband aufgrund eines Sponsorings.

 123 640 Leser   12 680 Shares

Jay B.: Dachte, Schröcksnadel geht zur FIFA als Nachfolger vom Sepp?

Brigitte: schade anna, dass du dich so beeinflussen lässt. der ösv hätte deine karriere sicher gefördert und unterstützt, auch wenn man vielleicht ein paar regeln akzeptieren muss. lg

Andy W.: Dieser Bericht ist eine richtige Farce. Wie das alles hier geschrieben steht, wird Anna voll runtergemacht und ausgespottet. Das wird hier wohl ein Witz-Beitrag sein!

Foto: Fritz Jergitsch (Montage)

Wer nicht entliked, zahlt 10 Euro: Straches Facebook-Seite ab morgen kostenpflichtig

Ab morgen wird die Facebook-Seite von Heinz-Christian Strache auf ein Abo-Modell umgestellt und damit kostenpflichtig. Gegen eine monatliche Gebühr von 10 Euro können Fans weiterhin mit ihrem Idol in Kontakt bleiben. Das gab Strache auf einer Pressekonferenz bekannt.

Die Rechnungsadresse der Personen, die morgen noch Straches Seite abonniert haben, soll durch Abgleich des Facebook-Namens mit dem Telefonbuch gefunden werden.

„Es reicht. Auf meiner Seite sind zu viele linke Hassposter unterwegs. Die meisten davon wohl arbeitslos und Ausländer mit Fakeprofilen", erläutert Strache. „Und genau deshalb jetzt das Abo: damit nur mehr fleißige, arbeitende Österreicher auf meiner Seite kommentieren können."

Was er täglich lesen muss, macht ihn nämlich fassungslos, wie er meint. „Da schreiben mir Leute, dass sie nicht meiner Meinung sind. Das ist unfassbare linksradikale Hetze!"

Strache unterbricht die Pressekonferenz, um sich von Herbert Kickl, seiner sehr rechten Hand, die Tränen wegwischen zu lassen. Dann lässt er sich zur Beruhigung von seiner Assistentin drei kleine Bier bringen.

„Ich lass mich nicht einschüchtern. Das weiß doch jeder: Alle Ausländer sind bösartig und wollen uns alles wegnehmen. Oder die Schwulen. Oder Schwarze. Oder Frauen." Doch Strache will trotz aller psychischen Belastungen weiterkämpfen: „Ich werde auch weiterhin die Stimme der Schwächlinge in diesem Land sein!"

 142 900 Leser 19 850 Shares

Kathi H.: Woah, ich hoffe, der Artikel geht jetzt ned nach hinten los und die Deppen überweisen ihm noch was für den Schaß, den er da immer schreibt.

Frederika F.: Ich hab den IQ der FB-Freunde, die ihn geliked haben, zusammengezählt; es besteht der Grund zur Sorge, dass sie den Artikel leider nicht sinnerfassend lesen können.

Hannah S.: Wenn ich für jedes Mal, dass ich die Facebook-Seite von HC Strache besucht habe, einen Euro bekommen hätte, hätte ich null Euro.

Foto: BMASK/Andreas Wenzel

Medizin-Wunder: Diese Frau lebt seit vier Jahren ohne Herz

Da fielen selbst erfahrenen Ärzten die Augen vor Schreck aus dem Kopf! Bei der Routineuntersuchung einer niederösterreichischen Beamtin wurde festgestellt, dass die Frau seit Jahren ohne Herz lebt! Wie, warum und wozu überhaupt? Die Medizin steht vor dem rätselhaftesten Rätsel der Menschheitsgeschichte!

Es ist der reinste Wahnsinn! Dort, wo bei Otto-Normal-Mensch ein Herz schlägt, sieht man auf den Röntgenbildern der Weinviertler Beamtin Johanna Mikl-L. nur einen schwarzen Fleck. Stellt diese Frau nun alles infrage, was sich die sogenannte „Schulmedizin" in den letzten Jahrmilliarden zusammengereimt hat?

Wir wollen von einem Fachmann wissen: Ist das wirklich der Craziest Shit, den er jemals gesehen hat? „Ja, das kann man nicht besser in Worte fassen", erklärt Primar Dr. Johann Zink vom AKH Wien, schreibt als Diagnose „Craziest Shit" auf den Befund und zeigt mit seinem Zeigefinger auf die Patientin, bis die Pressefotografen genug Aufnahmen geschossen haben. Er ist der Arzt, der uns allen endlich sagen soll: Ist Johanna Mikl-L. überhaupt noch ein Mensch? Oder hat diese Frau die Grenze zum Cyborg längst überschritten?

Der Arzt wird ruhig und zeigt uns alte Röntgenbilder der Frau. Was er dann sagt, wird Sie zu Tränen rühren: Bis vor wenigen Jahren hatte diese Frau noch ein ganz normales Herz. Doch von Jahr zu Jahr hat sich das Organ zurückgebildet und ist inzwischen nur noch ein kieselsteingroßes, steinhartes Gewebe, das in ihrem Brustbereich herumliegt.

Ärzte aus aller Welt können es nicht fassen! Von allen Erdteilen reisen sie an und versammeln sich, um die Frau zu sehen, die praktisch klinisch tot sein müsste. Kein Puls, keine EKG-Aktivität, absolute Totenstille an allen Geräten. Doch ein Arzt aus Afrika greift sich ihre Hand, blickt ihr in die Augen. Was dann passiert, versetzt alle in Staunen: Der Puls der Patientin beginnt zu rasen, ihr ganzer Körper zittert.

Wie geht es nun weiter mit Johanna Mikl-L.? Die Ärzte wollen ihr endlich helfen. Sogar gratis! Ein Arzt aus Kalifornien hat sogar angeboten, ihr ein Schweineherz zu implantieren, um sie endlich wieder eine Spur menschlicher zu machen.

 76 300 Leser 12 820 Shares

Barbara K.: Die hat doch eine Zwillingsschwester auch noch, mir liegt der Name auf der Zunge … Moment … Ach ja, Fekter Mizzi, die Frau ist auch herzlos!

Michael O.: Viele Politiker leben auch ohne Hirn weiter!

Waldemar R.: Dieser Bericht gehört in die Sparte „Bild-Zeitung" und ist doch von vorne bis hinten erstunken und erlogen! Wer diesen Quatsch glaubt, gehört in die geschlossene Abteilung!

Foto: Manfred Helmer/Wiener Linien, benjaminnolte/
Fotolia (Montage)

Hitzewelle: Feuerwehr muss Schweiß aus U6 abpumpen

Seit mehreren Stunden steht die Wiener U-Bahn-Linie U6 aufgrund eines Katastropheneinsatzes still. Wegen der großen Hitze kam es in den Waggons zu einem rasanten Anstieg des Schweißpegels. Zurzeit pumpt die Feuerwehr Hunderte Liter Schweiß pro Minute aus den Stationen.

„Was für ein Horror. Viele Fahrgäste standen bis zum Hals im Schweiß", erzählt Einsatzleiter und Feuerwehrkommandant Ludwig Kemmler, während seine Männer Sandsäcke vor dem Stationsausgang schlichten. „Selbst abgebrühte Feuerwehrleute, die schon alles erlebt haben, waren von den Schweißfluten geschockt." Einige Einsatzkräfte werden derzeit vom Kriseninterventionsteam betreut.

Fahrgästen zufolge hat alles ganz unscheinbar begonnen. „In der Station Westbahnhof hab ich mehrere kleine Lacken im Waggon gesehen", erzählt ein zitternder Student, der vom Roten Kreuz mit dem Kärcher abgespritzt wird. „Da hab ich mir noch nix dabei gedacht und hab geglaubt, das ist so wie immer in der U6, halt einfach nur ganz normal Bier oder Urin."

Doch von Station zu Station stieg der Schweißpegel an. Immer mehr Menschen pressten sich in die U-Bahn und lösten einen

Teufelskreis aus. Das Fass zum Überlaufen brachten schließlich mehrere amerikanische Touristengruppen, die sich nach der Aufforderung „Zurückbleiben bitte" noch durch die Türen pressten.

„Und dann ging alles ganz schnell …", weint eine ältere Dame und erklärt, wie der Schweiß nirgends mehr abfließen konnte, da bereits aus den Stationen davor immer mehr Schweiß angeschwommen kam. „Ich habe die harten 50er-Jahre durchlebt, meinen Mann und meinen Sohn verloren, aber so etwas wie hier habe ich noch nie erlebt."

Durch die Vermischung Hunderter unterschiedlicher Schweißtypen von U6-Fahrgästen entstand ein gefährlicher Giftcocktail. „Der ganze Beton, der mit dem Schweiß in Berührung kam, muss aufgestemmt und neu gegossen werden", erklärt die Feuerwehr.

Die Wiener Linien raten nun allen, die mit den Schweißmassen in Kontakt kamen, die Kleidung zu verbrennen und die Asche an der nächsten Giftmülldeponie abzugeben. Auch Impfungen gegen Tetanus, Diphterie, Beulenpest und Tuberkulose seien ratsam.

Erste Spuren der giftigen Brühe wurden bereits in der Donau bei Budapest gemessen. Umweltschützer befürchten verheerende Schäden für das Ökosystem: „Wenn der Schweiß das Schwarze Meer erreicht, werden weltweit die Fische damit kontaminiert. Jedes Mal, wenn Sie in Zukunft ein Fischstäbchen essen, naschen sie dann also auch ein kleines Stück von einem U6-Fahrgast mit."

 104 680 Leser   17 760 Shares

Rene V.: Zuerst der Umbau zur Geisterbahn, dann ein mobiles Hallenbad … die Wiener Linien müssen Geld haben!

Stefan K.: Das is TAGESPRESSE … Posten nur Bullshit und ihr glaubt es.

Robert H.: eine fuhr reicht aus, um alle weltmeere permanent zu kontaminieren.

Foto: Martin Juen (Montage)

Eva Glawischnig schläft während eigener Rede im Parlament ein

Zu einem Zwischenfall kam es heute während einer Debatte im Nationalrat: Grünen-Chefin Eva Glawischnig schlief während ihrer eigenen Rede im Parlament ein. Nur dank ihrer kniehohen Lederstiefel kippte sie nicht um und blieb daher unverletzt.

Gegen 8:43 Uhr erhielt sie von Parlamentspräsidentin Bures das Wort und betrat das Podium. Wann genau sie einschlief, ist völlig unklar, da alle anwesenden Zeugen bereits vor Glawischnig eingeschlafen waren. Erst nach etwa einer halben Stunde wurde sie von einer Reinigungskraft entdeckt, die von Glawischnigs Rede zuvor verschont geblieben war, da sie währenddessen Musik auf ihrem iPod gehört hatte.

Die Polizei hoffte ursprünglich auf Erkenntnisse zum Hergang aus den Aufzeichnungen der Überwachungskameras, musste die Ermittlungen jedoch abbrechen, da der Kommissar beim Ansehen des Bandes ebenfalls einschlief.

Glawischnig wurde ins AKH eingeliefert. Dort versucht ein Ärzteteam zur Stunde, sie aus ihrem Tiefschlaf zurückzuholen. Eine Ärztin erklärt: „Wir wenden hier eine Adrenalintherapie an und singen ihr die Gabalier-Bundeshymne ohne ‚Töchter' vor."

Wenn die Therapie nicht greift, wollen die Ärzte ihr aus einem nicht-gegenderten Schulbuch vorlesen.

Der **TAGESPRESSE** wurde das Manuskript der Glawischnig-Rede zugespielt. Demnach meinte sie, Grundstein einer emanzipatorischen Geschlechterpolitik sei die ökonomische Unabhängigkeit von Frauen wie Männern. Durch die Förderung gesicherter Erwerbsarbeit, an die sich auch eine soziale Absicherung koppelt, soll dieses Ziel auch für Frauen erreicht werden. Der geschlechtsspezifischen Segmentierung des Arbeitsmaaaaaaaaaaaaaaaaaaaaaaaaaaaaaaahdrbfehbhj

 82 040 Leser   ➤ 11 930 Shares

Gerhard P.: eindeutig zu viel gemüse gegessen und zu wenig steaks.

Mario V.: Kein Scherz: Ursula Stenzel ist tatsächlich einmal im ORF eingeschlafen.

Foto: Andreas Hilger/Fotolia

„Bin ärmer als Griechen": Student (34) realisiert drastische Lage, als Bankomat ihm nicht einmal 60 Euro gibt

Jeder Grieche darf derzeit nur 60 Euro pro Tag am Bankomat abheben, doch einem Wiener ergeht es sogar noch schlimmer. Als der 34-jährige Student Manuel N. gestern Bargeld abheben wollte, verweigerte ihm der Bankomat die Geldausgabe komplett.

Wir besuchen N. in seinem WG-Zimmer und setzen uns zwischen Dutzenden schimmeligen Nudelboxen und aus Bierdosen gebastelten Bongs auf den mit Lurch und Kondomen übersäten Boden. „Ich hab extra den ganzen Tag aufgeräumt", erklärt N. und zeigt, dass er sich trotz der finanziellen Notlage noch nicht aufgegeben hat.

Was ihn besonders aufregt? „Alle blicken nur nach Süden, aber die humanitäre Katastrophe, die sich hier in meiner WG abspielt, wird von der Weltöffentlichkeit komplett vergessen."

Manuel ist zornig, dass ständig neues Kapital nach Griechenland fließt, während er selbst von der EU im Stich gelassen wird. Stundenlang hing er am Telefon in Warteschleifen und versuchte vergeblich, Jean-Claude Juncker sowie Angela Merkel zu erreichen und um Finanzhilfe zu bitten.

Da sich alle bisherigen Geldgeber weigern, weiteres Geld zuzuschießen, muss Manuel in Zukunft ohne Unterstützung seiner Eltern und seiner Freundin auskommen. Er befürchtet nun, seine Ausbildung abbrechen zu müssen: „Ich studiere jetzt im 31. Semester Theaterwissenschaften", erzählt N. „Ich bin quasi schon im Endspurt, und in nur sieben Jahren hätte ich meinen Magister!"

Ohne Ausbildung müsste N. sich mit Hilfsarbeiten über Wasser halten. Mit abgeschlossenem Theaterwissenschaftsstudium hingegen könnte er sogar in 3-Sterne-Hotels kellnern.

Die Situation in der WG ist angespannt. Am Wochenende findet ein letztes Krisentreffen mit seinen Mitbewohnern statt, da N. weder Miete noch gemeinsame Klopapier- und Drogeneinkäufe bezahlen kann. Im schlimmsten Fall droht ihm sogar der WG-Exit, der Rauswurf aus der Wohngemeinschaft.

Besonders seine deutschen Mitbewohner sind zornig und haben genug, wie Mitbewohner Jens B. verrät: „Manuel hat sich nie groß eingebracht, aber plötzlich verlangt er einen Schuldenschnitt!" Jens zeigt auf N., der sich gerade von der am Kühlschrank hängenden Liste mit den gemeinsamen Einkäufen streicht.

Bis Montag hat N. nun Zeit, seinen Mitbewohnern neue Lösungsvorschläge für ein Sparpaket zu präsentieren. Die Situation wird von Stunde zu Stunde dramatischer. N. fehlt es bereits am Allernotwendigsten. Er kann sich seit Mittwoch kein Marihuana mehr leisten und derzeit nur mehr zwei Mal pro Woche in die Pratersauna gehen.

107 910 Leser   9000 Shares

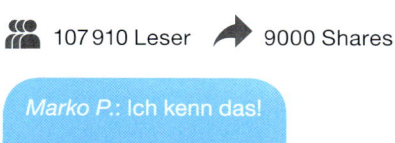

Marko P.: Ich kenn das!

Hans Krankl bezweifelt, dass ÖFB-Team bei der EM 2016 Weltmeister wird

Noch nie lag das ÖFB-Team höher in der FIFA-Rangliste als zum jetzigen Zeitpunkt. Und doch melden sich kritische Stimmen zu Wort, unter anderem Ex-Teamchef Hans Krankl. Er bezweifelt, dass das ÖFB-Team bei der EM 2016 Weltmeister werden kann.

„Unsere Burschen liefern eine super Leistung, Hut ab. Aber mit dem jetzigen Trainer, diesem Schweizer, werden sie den Weltmeisterpokal bei der EM wohl nicht mit heim nehmen", erklärt er in einer Zielpunkt-Filiale in Wien-Favoriten, wo er gerade einen neuen Werbespot für die Supermarktkette dreht.

„Teamchef sein ist anstrengend. Ich weiß aus eigener Erfahrung, du hackelst ohne Ende. Die Burschen in der Kabine zu motivieren, ist eine echte Syphilisarbeit", räumt er ein. „Aber die Leistung von Marcel Koller wird von den Medien übertrieben hochsterilisiert. Mir kann er mit seiner Arbeit wirklich nicht imprägnieren."

Krankl kritisiert vor allem den Trainerstil Kollers: „Für das Team brauchst' ein Gefühl. Du kannst nicht alles mit Bronchialgewalt durchsetzen." Krankl hält eine erfolgreiche EM-Qualifikation zwar für möglich, vermutet jedoch, dass Koller sich danach bei der erstbesten Gelegenheit „aus der Atmosphäre ziehen wird".

An dieser Stelle muss Krankl das Interview beenden, um seine Textzeile „Zielpunkt – alles was ich brauch!" einzuüben. Als wir gehen, gibt er uns noch eine Weisheit mit: „Das Team darf sich von Kritikern aber nicht ablenken lassen. Was die sagen, ist nämlich völlig irrelevant."

 80 500 Leser   10 220 Shares

Michael O.: Ev. bei der WM Europameister.

Fritz B.: Da hat der Hansi Nationale absolut Recht: Bei der EM wird Ö nicht Weltmeister werden … (Oder ist die Schlagzeile wieder nur eine journalistische Meisterleistung?)

Strache will Moschee am Wiener Karlsplatz abreißen

Jahrelang beanstandete niemand die Moschee am Karlsplatz. Vermutlich fiel das muslimische Gotteshaus nur wenigen Passanten auf. Doch nun fordert FPÖ-Chef Heinz-Christian Strache dessen Abriss, wie er auf einer Pressekonferenz vor dem Gebäude am Karlsplatz bekannt gab.

„Eine Moschee im Zentrum Wiens – von dieser Ungeheuerlichkeit habe auch ich nur durch Zufall erfahren", gesteht Strache und erzählt von jenem Abend, als er sich von seinem Smartphone zum Nachtclub „Passage" führen lassen wollte, aufgrund eines Irrtums jedoch in der „Opernpassage" landete – eine Gegend, die Strache bisher aufgrund der zahlreichen kulturellen Einrichtungen wie Theater, Konzerthäuser und Museen mied.

Sogleich erblickte er die Moschee: „Zwei hohe Minarette, die riesige Kuppel, also die typischen provokanten Herrschaftssymbole", meint er besorgt. „Mich überkam sogleich eine tiefe Scham, dass ich als Beschützer des Abendlands den Bau dieser Moschee nicht verhindern konnte."

Mit einer Burka getarnt, postierte sich der FP-Chef einen Tag lang vor der Moschee, um sich ein Bild von der Lage zu machen. Er berichtet Erschütterndes: „Ich sah Gruppen von Menschen ein und aus gehen, viele sprachen fremde Sprachen, manche trugen sogar Bart oder Kopftuch. Ich hab mich gefühlt wie im Irak. Oder in Afrika. Oder wie diese ganzen islamistischen Länder alle heißen."

Wutentbrannt betrat er die Moschee und konfrontierte den Imam. „Doch der hat mich offenbar erkannt und gab sich feige als katholischer Pfarrer aus. Er trug sogar ein Kreuz um den Hals, um mich zu täuschen." Sogar als Strache ihn mit einem zufällig in der Moschee vorhandenen Kruzifix bedrohte, blieb der Imam bei seiner Behauptung.

Außerdem sieht der FPÖ-Chef in der Nähe zur Technischen Universität ein Sicherheitsrisiko: „Von einem Freund von mir, der wen kennt, der wen kennt, der mal auf einer Universität war, weiß ich: Auf der TU gibt es so ein Labor, wo sie Nuklear machen. Ich vermute also, dass hier die Moschee-Islamisten Atome oder so stehlen wollen, um damit eine Atombombe zu bauen."

Dazu käme auch, dass die ORF-Radios Radio Wien, Ö1 und FM4 um die Ecke in der Argentinierstraße ihre Studios haben. „Die Nuklearbombe könnte unter Umständen also sogar radioaktiv sein", befürchtet Strache und deutet auf seine Ray-Ban-Sonnenbrille, die er bereits zum Schutz vor atomarer Strahlung trägt.

Sollte Strache im Herbst zum Bürgermeister Wiens gewählt werden, will er die Moschee am Karlsplatz noch am selben Tag abreißen lassen: „Dann baue ich – zur Stärkung unserer Identität – an genau dieselbe Stelle eine große, majestätische katholische Kirche."

 83 210 Leser ➤ 13 920 Shares

Stefan L.: ein fatales missverständnis. er hat das „mah, schee ..." einer touristengruppe falsch interpretiert.

Dave B.: Da mache ich mir eher sorgen um das happel-stadion, wo sich sekten versammeln wie die zeugen jehovas oder helene fischer.

Foto: Maridav/Fotolia

„Nicht heute, ich hab Kopfweh": Neuer Aufklärungsfilm bereitet Schüler auf Eheleben vor

Über Sex wissen die meisten Jugendlichen in Österreich mittlerweile dank vermehrtem Zugang zu Breitbandinternet sehr gut Bescheid. Doch beim Eheleben dominieren nach wie vor unrealistische und idealisierende Vorstellungen, wie Experten öfters bemängeln.

Um Enttäuschungen frühzeitig entgegenzuwirken, wird ab dem kommenden Schuljahr ein neuer Aufklärungsfilm in den Lehrplan aufgenommen. Er heißt „Nicht heute, ich hab Kopfweh – Die Wahrheit über das Eheleben" und soll Schüler über Missverständnisse in ihrem Bild von der Ehe aufklären.

Sexualpädagoge M. Steinmetz warnt gegenüber der **TAGES-PRESSE**: „Viele junge Menschen glauben nach wie vor, in einer Ehe kann man Sex haben, wann immer man will, man bleibt für immer zusammen, man kann einander blind vertrauen und so weiter. Über diese Irrtümer klärt der Film informativ und anschaulich auf."

Hinter den falschen Vorstellungen ortet Steinmetz verschiedene Gründe: „Etwa die katholische Kirche, die ein völlig realitätsfremdes Ehebild vermittelt, wo man sich ewig treu bleibt.

Oder diese Websites, wo Jugendliche diese widerlichen, perversen Filmchen streamen können, diese Hollywood-Romanzen mit ihren Happy Ends."

Auf Einladung des Wiener Stadtschulrats durfte Die **TAGES-PRESSE** an einem Probe-Screening des Films vor der 5. Klasse eines Gymnasiums teilnehmen. Vor der Vorführung meint einer der Schüler, David C. (15), noch merklich naiv: „Ich werde die Frau meines Lebens finden, heiraten und jeden Tag Sex haben."

Doch dann geht der Film los. Er zeigt Hochzeitsaufnahmen von Richard Lugner und Cathy Schmitz. Schon nach drei Minuten muss eine geschockte Schülerin aufgrund einer Panikattacke den Raum verlassen. Bis zu den Puls-4-Aufnahmen von den Flitterwochen in getrennten Schlafzimmern hält nur weniger als die Hälfte der Klasse durch.

Viele hat der Film zum Nachdenken gebracht, so auch David C.: „Verdammt! Ich hoffe, ich hab bis 40 eine Frau gefunden, die überhaupt bereit ist, wenigstens an meinem Geburtstag mit mir zu schlafen."

Seine Klassenkollegin Clara T. (16) sieht das ähnlich: „Vor dem Film wollte ich unbedingt einen Mann mit Humor, Intelligenz und gutem Aussehen heiraten. Jetzt wäre ich bereits zufrieden, wenn er weder spiel- noch trinksüchtig ist und mich zumindest nur mit jemandem betrügt, der keine Geschlechtskrankheiten hat."

Schon im kommenden Herbst könnten andere Schüler in Österreich ganz ähnliche, realistische Einsichten treffen. So kann sich vielleicht doch noch ein gesundes Bild vom Eheleben etablieren.

 84 800 Leser 4040 Shares

Rita A.: Ich würde den Artikel ja gerne lesen, aber ich muss morgen echt früh aufstehen.

Sarah A.: Is es bedenklich, wenn das mein Ehemann noch vor mir geliked hat?

„Scheiß Oaschloch-Hitze": Häupl erklärt ganz Wien zur FKK-Zone

Gute Nachrichten für alle Wienerinnen und Wiener: Um den Höhepunkt der aktuellen Hitzewelle besser zu überstehen, erklärte Bürgermeister Michael Häupl die ganze Stadt für einige Tage zur FKK-Zone.

Bei einer Pressekonferenz heute Vormittag im Arbeiterstrandbad in der Donaustadt äußerte Häupl seinen Unmut: „Diese scheiß Oaschloch-Hitze immer, i packs nimma!" Dabei fuchtelt er derart mit der Hand, dass beinahe die Spritzweininfusion umfällt, die er sich zur Erfrischung intravenös verabreichen lässt.

„Wir brauchen Sofortmaßnahmen, die die Wienerinnen und Wiener sofort spüren. Die Wien-weite FKK-Zone ist eine bürgernahe Lösung." Für ihn sei eine Hitzewelle immer eine Zeit fokussierter Unterwäscheresistenz.

Die FKK-Zone gilt ab Freitagmorgen in ganz Wien außer im 21. Bezirk, Floridsdorf. Die dortigen Bewohner werden im Interesse der Allgemeinheit aufgerufen, auch weiterhin Kleidung zu tragen, um keine Massenpanik auszulösen.

Alle Fahrgäste der Wiener Linien werden außerdem ersucht, sich als Hygienemaßnahme beim Hinsetzen in der U-Bahn eine *Österreich*-Zeitung unterzulegen. Damit diese mehr Seiten hat und damit saugfähiger wird, will die SPÖ in den nächsten Tagen besonders viel inserieren.

Die FKK-Maßnahme stieß auf breite Zustimmung, etwa bei der Erzdiözese Wien. „Endlich tragen Frauen keine aufreizende Kleidung mehr, wie etwa Hotpants oder Miniröcke", meinte Kardinal Christoph Schönborn. „Stattdessen tragen sie, wie in der Bibel, das Evakostüm."

Auch der als Pograpsch-Abgeordnete bekannte Marcus Franz begrüßte den Vorschlag Häupls in einer Presseaussendung: „Ohne das störende Textil im Intimbereich ist es für den Mann von Welt deutlich einfacher, durch das Prüfen verschiedener Hinterteile eine passende Frau kennenzulernen."

Und sogar der in ganz Wien bekannte „Bier-Kavalier", der jeder Frau in der U-Bahn-Linie U4 mit der Frage „Darf ich Sie auf ein Bier einladen?" begegnet, unterstützt Häupls Idee. Das bestätigt er einer **TAGESPRESSE**-Redakteurin, als er sie um 8 Uhr morgens angräbt. Er wird während der Hitzewelle alle Frauen statt auf ein Bier auf ein Frozen Yogurt einladen.

 144 950 Leser 22 670 Shares

Johannes S.: So viel Einsatz, obwohl er schon lange im Wochenende ist – was für ein Vorbild!

Erwin S.: Dann gehe ich also heute nackig raus, und falls sich jemand aufregt: In der TAGESPRESSE stand doch …

Foto: Innovated Captures/Fotolia

Vorarlberger irrtümlich fünf Jahre in Wiener Psychiatrie festgehalten, weil ihn keiner verstand

Zu einem folgenschweren Missverständnis ist es in der Psychiatrie des Wiener Otto-Wagner-Spitals gekommen. Ein offenbar kerngesunder Vorarlberger ist dort fünf Jahre lang als Patient festgehalten und behandelt worden. Aufgrund seines starken Dialekts ging das Wiener Personal von einer Erkrankung aus.

Abgekämpft, aber erleichtert zeigt sich der Medizinstudent Rupert G. (31) aus Dornbirn gegenüber der **TAGESPRESSE**: „As war grötig. Abr i bian froa, dass es endli vorbin iasch."

Eigentlich hätte er im September 2010 als Praktikant in der Krankenanstalt anfangen sollten. Doch als er den diensthabenden Arzt höflich fragte: „I bin nüo do, wo sött i mi mealda?", meinte dieser nur: „Alles wird gut", rief zwei Pfleger herbei und verabreichte dem verdutzten Vorarlberger eine beruhigende Spritze.

Es folgten fünf lange Jahre in Behandlung. Die Leitung des Spitals gewährt der **TAGESPRESSE** einen Blick in die Krankenakte von Rupert G.: „Selbsteinweisung Sept. 2010, spricht in Fantasiesprache, Verständigung nicht möglich, keine Besserung, mehrere Fluchtversuche."

Erst vergangene Woche kam der Irrtum ans Licht. Der Vorarlberger hatte nämlich begonnen, nur durch Zuhören rudimentäres Wienerisch zu erlernen. Während er in den ersten Jahren nur einzelne Wörter wie „Oida" oder „ur" hervorbrachte, konnte er nach und nach ganze Sätze bilden, bis er letzte Woche schließlich akzentfrei ausrief: „Heast i bin koa Tschopperl ned, ihr Gfrasta, Oida!"

Durch einen herbeigerufenen Dolmetscher konnte das Missverständnis schließlich aufgeklärt und der Vorarlberger entlassen werden. Als Entschädigung bot ihm die Spitalsleitung bereits einen 10-Prozent-Rabatt auf seinen Selbstbehalt an. Außerdem darf er sein Patientennachthemd behalten.

Für Rupert G. ist die Odyssee damit beendet. Vor seiner Heimreise gibt er sich am Westbahnhof zuversichtlich: „In a paar Johr wür i zrucklöga und drübrd lacha künna!"

Jetzt soll geprüft werden, ob womöglich weitere kerngesunde Vorarlberger in Wiener Anstalten festgehalten werden. Experten befürchten mehrere Hundert Fälle. Nach einer ersten Untersuchung wurde bereits eine ganze Bregenzer Schulklasse aus der Kinderpsychiatrie im AKH Wien entlassen, die dort seit einer Wien-Woche 2012 einsaß.

 186 070 Leser 22 150 Shares

> *Daniela K.:* … mir fehlen beinah die worte … dieser arme mann … unvorstellbar und menschverachtend!!!

> *Walter P.:* Was Gott durch den Arlberg getrennt hat, soll der Mensch nicht durch Tunnel verbinden!

> *Michaela D.:* Wahrscheinlich ist er von Dr. S. Atire eingewiesen worden – der versteht in solchen Fällen nämlich gar keinen Spaß!!!

Foto: Wiener Linien/Thomas Jantzen (Montage)

Gescheiterter Stunt nach Welt-premiere: Tom Cruise bricht Fahrt mit 13A-Bus ab

Es hätte ein perfekter Auftritt werden sollen: Tom Cruise prä-sentierte sich rund um die Premiere von „Mission: Impossible – Rogue Nation" als Star zum Anfassen. Leider wurde dem Action-profi sein Übermut zum Verhängnis: Er wollte seine Fans am Tag seiner Abreise mit einem selbst durchgeführten Stunt begeistern und trat eine Fahrt mit einem Bus der berüchtigten Linie 13A an. Cruise musste den Stunt jedoch nach wenigen Minuten abbre-chen und wird derzeit psychologisch betreut.

Anfangs lief alles nach Plan. Mit einer GoPro-Kamera am Kopf stieg Cruise am Hauptbahnhof in den 13A und kämpfte sich sou-verän an vier Alkoholleichen und 17 Kinderwägen vorbei. Doch der abgebrühte Profi hatte sich verkalkuliert: Der Bus war be-reits so vollgestopft, dass kein Sitzplatz mehr frei war. Cruise ver-suchte vergeblich, die Haltegriffe zu erreichen. In Panik kauerte er sich hin.

Der Augenzeuge Harald S. berichtet: „Der Herr Cruise hat plötzlich laut geschrien, als der Bus die ersten Meter gefahren ist und er sich nirgends festhalten konnte. Ich hab natürlich nicht weggeschaut, sondern bin auf ihn zu und hab gesagt, er soll seine deppate Goschn halten."

Bereits bei der Mariahilfer Straße versuchte der Hollywood-Star, den Bus zu verlassen und wollte bereits ein Fenster mit dem Nothammer einschlagen. Doch dann erblickte er einige Dutzend Spendenkeiler von Global 2000, die bereits ihr Clipboard wetzten und mit ihm über die Kinder von Tschernobyl reden wollten. Verängstigt ließ er den Nothammer fallen.

Schließlich schloss er sich unauffällig einer Volksschulklasse aus Rudolfsheim-Fünfhaus an, die den Bus bei der Neubaugasse verlassen wollte. Seine Tarnung flog jedoch auf. Ein 7-Jähriger drehte ihm mit den Worten „Schau mich nicht dauernd so schwul an, du altes Kind" den Arm auf den Rücken.

„Wäre Cruise an dieser Stelle nicht vor Panik kollabiert – wer weiß, was hier noch passieren hätte können", so der Stunt-Koordinator. „Tom sagte mir direkt danach, er habe so ein ausgeklügeltes Folter-Projekt wie den 13A seit seiner letzten Ehe nicht erlebt." Wir wünschen baldige Besserung, Herr Cruise!

Anmerkung: Ein Artikel anlässlich der Weltpremiere von „Mission: Impossible 5" in Wien.

 97 560 Leser    10 740 Shares

Walter P.: Dass er sich gar nicht in die U6 reingetraut hat, sagt eh schon alles.

Frederika F.: Wäre er auf der Mariahilf-Fuzo ausgestiegen, wären die Keiler nicht die letzte Gefahr. Man wird dort ja noch von Fahrrädern, LKWs, Bus und auch Autos angefahren. Und eine ORF-Umfrage gäbe es bestimmt auch. Er soll froh sein, dass er dem knapp entronnen ist, wer weiß, was noch hätte passieren können.

Neue Flüchtlingspolitik: ÖVP nimmt Schutzsuchende nur auf, wenn sie vom Team Stronach kommen

Die ÖVP sorgt in der Asylpolitik mit einem geschärften Profil für Aufsehen: Schutzsuchende werden nur mehr aufgenommen, wenn sie aus dem Team Stronach kommen.

Wie vor ein paar Wochen nahm die Volkspartei letzten Samstag schon wieder zwei Team-Stronach-Mitglieder auf, die genug hatten von einem Leben unter einem unkontrollierbaren, diktatorischen Despoten. Die ÖVP konzentriert sich ab sofort nur mehr auf diese Asyl-Nische, hier agiert sie jedoch vorbildlich und kann eine Aufnahmequote von 100 Prozent vorweisen.

Bevor am Samstag Kathrin Nachbaur und Rouven Ertlschweiger Schutz bei der ÖVP suchten, wurde vor ein paar Wochen bereits Marcus Franz als sogenanntes Ankerkind vorgeschickt. Schritt für Schritt scheint er jetzt die ganze Familie nachzuholen.

Und die Zeit drängt: Frank Stronach wurde von Augenzeugen dabei beobachtet, wie er einen Abgeordneten in der Wildnis aussetzte. Stronach rief dabei immer wieder: „Lauf! Lauf, so weit du kannst! Und komm nie wieder zurück, nicht!"

„Das treibende Motiv ist hier ganz klar Überforderung", erklärt die Psychologin Verena Bogner im **TAGESPRESSE**-Gespräch und appelliert: „Gelangweilte Milliardäre sollten sich genau überlegen, ob sie sich eine Partei kaufen wollen. Vielleicht wäre Golfen oder Modelleisenbahn spielen doch besser."

Die Schutzsuchenden aus dem Team Stronach werden von ÖVP-Klubobmann Reinhold Lopatka herzlich empfangen: „Sie bekommen wie alle unsere ÖVP-Abgeordneten ein Grundversorgungspaket, bestehend aus einer flotten Raiffeisen-Bauchtasche, einem frechen Anti-Homoehe-Keyholder und einer coolen Engelbert-Dollfuß-Smartphonehülle."

Ein Wechsel zu Schwarz-Blau scheint jedoch vorerst nicht geplant. „Was? Das könnte sich irgendwann ausgehen? An diese theoretische Möglichkeit habe ich noch gar nicht gedacht", sagt Lopatka lachend, während er in seinem Büro ein Porträtfoto von Wolfgang Schüssel streichelt.

Doch innerhalb der ÖVP gibt es auch kritische Stimmen: „Schutzsuchende? Pah! Die wollen uns doch nur unsere Schwarzgelder wegnehmen", vermutet ein Funktionär, der anonym bleiben will.

*** UPDATE ***
Angeblich wechselte heute Vormittag auch der Team-Stronach-Kühlschrank zur ÖVP. Er fühlte sich laut einer ersten Stellungnahme schon länger benutzt, innerlich leer und hatte nur wenige echte Lichtblicke.

Anmerkung: Im Sommer 2015 nahm die ÖVP mehrere Abgeordnete aus dem Team Stronach bei sich auf.

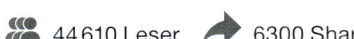 44 610 Leser ➡ 6300 Shares

Samy F.: Frechheit! Es gibt keinen Krieg im Team Stronach, vor dem man flüchten müsse. Team Stronach gilt als sichere Herkunftspartei. Was muss noch alles passieren, ehe endlich Grenzzäune und Grenzkontrollen im Parlament eingeführt werden?

Bernhard S.: Der FC Bayern der Innenpolitik: Kauf dir einen Club!

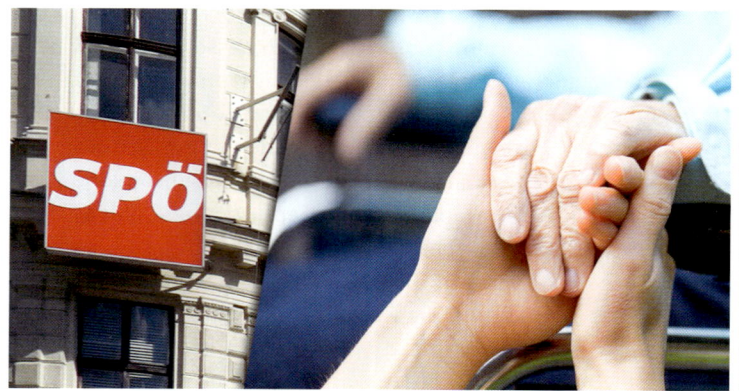

Foto: Ocskay Bence/Fotolia (Montage)

Arbeit mit Pflegefällen: Zivildienst kann ab Herbst bei SPÖ absolviert werden

Die österreichische Sozialdemokratie liegt schon seit Jahren im Sterben. Da die SPÖ inzwischen nur noch aus politischen Pflegefällen besteht, können junge Österreicher ab Herbst ihren Zivildienst bei der Partei absolvieren.

Wir begleiten den Maturanten Julian (18), der seinen Zivildienst bei der SPÖ als einer der Ersten bereits im Juli beginnen durfte. „Viele hier leiden unter einer besonderen Form der Demenz, sogar schon in jungen Jahren", erklärt Julian und zeigt auf Doris Bures, die ziellos durch die Gänge irrt und wieder einmal ihre Werte vergessen hat.

Plötzlich piepst Julians Einsatz-Pager. Hastig packt er seine Sachen: „Scheiße, ein Notfall!", schreit er und schiebt Kanzler Faymann in eine Limousine, die mit Blaulicht Richtung Heute-Redaktion davonfährt. Der Grund: Faymann braucht wieder einmal dringend ein Inserat. Schon seit Monaten wird der Kanzler nur noch künstlich durch drei bis fünf Inserate pro Tag am Leben gehalten.

Julian zufolge sei es das Wichtigste, den SPÖ-Politikern das Gefühl zu geben, dass sie nicht alleine sind. „Wir müssen so tun, als gäbe es da draußen noch jemanden, der sie braucht. Auch wenn das eine Illusion ist", flüstert uns Julian zu und präsentiert dem SPÖ-Parlamentsklub eine gefälschte Umfrage, die zeigt, dass die SPÖ angeblich immer noch vor der FPÖ auf Platz 1 liegt. „Ich kann ihnen ja nicht die Wahrheit verraten und sagen, dass sie schon hinter die Hunde-raus-aus-Österreich-Partei zurückgefallen sind."

Julian bekommt als Zivildiener in der SPÖ genau so viel bezahlt wie seine Kollegen bei der Rettung, doch bei der Verpflegung sieht er sich benachteiligt: „Ich muss hier dasselbe essen, was in der Parteizentrale von allen gegessen wird. Aber schön langsam kann ich zum Frühstück keinen Cognac mehr sehen."

Laut Politexperte Peter Filzmaier werden Zivildiener schon bald nicht mehr ausreichen, um die SPÖ am Leben zu erhalten. Auch von Insidern hört man, dass Faymann, Blecha & Co in Zukunft noch intensiver betreut werden sollen. Jeder SPÖ-Nationalratsabgeordnete wird ab nächstem Jahr daher seine eigene slowakische 24-Stunden-Pflegerin bekommen, wie das Sozialministerium bestätigt.

Der Zivildienst in der SPÖ dauert für Julian noch acht Monate. Seine Entscheidung bereut er nicht. „Wenn ich die Zeit in der SPÖ überstehe, kann mich danach im Berufsleben nichts mehr schockieren", sagt er trocken.

Als Julian kurz nach 18 Uhr seinen Dienst für heute beendet, winken ihm Faymann, Hundstorfer und Heinisch-Hosek durch das Fenster der Parteizentrale noch einmal nach. Kurz blicken sie nach draußen, in eine Welt, die ihnen längst fremd geworden ist. Eine Welt, in der sie ohne tatkräftige engagierte junge Menschen wie Julian nicht mehr überleben könnten.

Ob Österreich den baldigen Tod der Sozialdemokratie verkraften wird? „Ja", erklärt Politexperte Filzmaier und präzisiert: „Definitiv und 100%ig fucking yes, ja!!!"

 37 810 Leser   6150 Shares

Tobias K.: Warum erfahre ich das erst in da Abrüstwoche *seufz*

Foto: Milenko Badzic/ORF (Montage)

Frauen sind Menschen wie wir.

Nach Sommergespräch: ORF zeigt Stronach-Interviews ab sofort mit deutschen Untertiteln

Was sich der ORF immer einfallen lässt! In diesem Fall ein praktisches, längst überfälliges Service für die Zuseher: Nach dem gestrigen Auftritt von Frank Stronach bei den Sommergesprächen will der ORF ab sofort alle Sommergespräche mit deutschen Untertiteln ausstrahlen.

„Natürlich wirkt diese Maßnahme auf den ersten Blick, als wäre sie gegen Stronach gemünzt", erklärt ORF-Chef Alexander Wrabetz, „und sie ist es auch. Diesen unverständlichen Irrsinn hält keiner mehr aus. Da können wir statt den Sommergesprächen gleich das Programm des chinesischen Staatsfernsehens ausstrahlen."

In einem seiner wenigen klaren Momente überraschte Stronach mit einer gewagten Behauptung: „Frauen sind auch Menschen wie wir." Damit hob er hervor, dass Frauen aus unserer heutigen Gesellschaft kaum mehr wegzudenken sind. Darüber hinaus stellte er weitere steile Thesen auf: „In der Nacht ist es dunkel" und „Wasser ist nass".

Für die Untertitel der Sommergespräche ist eine eigene ORF-Redaktion verantwortlich, in der 25 hochbegabte, autistische

Germanisten am Limit arbeiten. „Wir sind froh, auf Menschen mit Inselbegabungen zurückgreifen zu können, die unseren Zusehern die verwirrende Welt der Sommergespräche näherbringen", so Wrabetz stolz.

Wrabetz kündigte außerdem an, künftige Stronach-Interviews nur mehr dienstagabends auf ORF eins nach der Sendung *Willkommen Österreich* auszustrahlen: „Da passt es besser hin." Stermann und Grissemann reagierten verhalten; Insidern zufolge befürchten sie, neben dem Naturtalent Stronach zu verblassen.

ORF-Interviewer Hans Bürger wird derzeit im AKH Wien versorgt. Nach dem Gespräch mit Stronach erlitt er einen Komplettverlust seiner Muttersprache. Der behandelnde Arzt ist vorsichtig optimistisch: „Es geht Bürger schon etwas besser. Aber wir stehen vor einem Rätsel: Statt seiner deutschen Muttersprache spricht er jetzt akzentfreies Arabisch. Er wirkt verwirrt und will nur mehr mit Hans Burka angesprochen werden."

DiE**TAGESPRESSE** wünscht dem Kollegen Hans Burka (vormals Hans Bürger, Anm.) schnelle Besserung und viel Kraft für die weiteren Sommergespräche.

 65 880 Leser  7970 Shares

Jutta W.: Und wieder mal wird die Satire von der Realität überholt …

Rainer B.: Vergesst Stermann und Grissemann. Gebt ihm eine Show!

„Mache heuer Urlaub zu Hause": Mikl-Leitner fährt zwei Wochen nach Mordor

Innenministerin Johanna Mikl-Leitner (ÖVP) verbringt ihren Urlaub heuer nicht am Meer, sondern in ihrer alten Heimat Mordor. In den nächsten beiden Wochen will sie dort entspannen, wo sie aufgewachsen ist, und alte Jugendfreunde wiedertreffen.

Stolz zeigt Mikl-Leitner auf die mit Asche bedeckten Steinwüsten, kahlen Schlackehügel und blutgefüllten Flüsse ihrer Heimat Mordor. „Hätte ich eine Seele, würde ich sie hier baumeln lassen", sagt Mikl-Leitner und freut sich, alte Bekannte wiederzutreffen. „Den Schwertschmieder Rakothurz, die Henkerin Beklash und den Rattenmelker Aarshlut. Ach Gott, was waren das damals für schöne Zeiten", schwärmt die Innenministerin von ihrer Schulzeit im Orc-Gymnasium von Barad-dûr an der Thaya.

Wo genau Mordor liegt, will uns Mikl-Leitner nicht verraten: „Sie wissen ja, wie das ist, kaum verrät man einen Geheimtipp für den Urlaub, schon stehen wir im Lonely Planet, und nächstes Jahr haben wir Tausende Rucksacktouristen da, die unsere naturbelassenen Totensümpfe zerstören."

Selbst Geografen sind sich uneins über die Lage von Mordor, vermuten es aber irgendwo im Gebiet zwischen St. Pölten und

Mistelbach. „Die Region Mordor ist eigentlich zu Unrecht durch Filme verunglimpft worden", erklärt Univ.-Prof. Dr. Reinhold Traxler. „Auch diesen angeblichen Sauron gibt es in Wahrheit gar nicht. Der Sauron, den wir aus Filmen kennen, ist einfach nur eine überzeichnete Anlehnung an den echten Herrscher von Mordor, Erwin Pröll."

Auch die Sage rund um den „Ring, sie zu knechten" sei vollkommen übertrieben, erklärt Traxler weiter: „In Wahrheit liegt ein Übersetzungsfehler vor. Es gab in Mordor nie einen Ring, sondern bloß einen Kranz." Gemeint sei das Markenzeichen des Herrschers Pröll: „Ein Haarkranz, sie zu knechten."

Mikl-Leitner genießt ihren Urlaub. Umgeben von Folterkammern, Todesschreien und Stricken, die sanft im Wind am Galgen baumeln, holt sie sich Inspiration für ihre zukünftige Innenpolitik. Dass Kanzler Faymann den ungünstigen Zeitpunkt ihres Urlaubs kritisiert, versteht sie nicht. „Faymann?", sagt Mikl-Leitner und nippt ruhig an ihrem Schafsdarm-Cocktail. „Der soll einfach mal die Goschn halten, der Hobbit."

 94 670 Leser ↝ 23 400 Shares

> *Edi M.*: Kurze Anmerkung: Die Totensümpfe liegen NICHT in Mordor. Ich versteh ja Spaß, aber bei der Geografie von Mittelerde hört sich ebenjener auf …

> *Stefan G.*: Ich dachte, Pröll wäre Gargamel und nicht Sauron?

Traiskirchen-Besuch: Schockierter Faymann fragt, „wer zum Teufel hierfür verantwortlich ist"

Der gestrige Besuch von Werner Faymann im Erstaufnahmezentrum Traiskirchen in Begleitung seiner Regierungsmannschaft machte den Kanzler fassungslos. Nachdem er sich ein Bild von den Missständen gemacht hatte, fragte er mit rotem Kopf vor Journalisten, „wer zum Teufel für diese Zustände hier verantwortlich" sei.

Man sah Faymann seine Fassungslosigkeit an, als er das Fenster seines Dienstwagens herunterkurbelte. „Unfassbar! Menschen, die im Freien liegen, überall Müll, schmutzige Toiletten: Hier sieht's ja fast so schlimm aus wie das Altmannsdorfer Gartenhotel nach dem Kanzlerfest", klagt er an. „Wäre ich doch bloß in einer Position, in der ich den Menschen hier helfen könnte!"

Als gestandener Sozialdemokrat ließ er es sich jedoch nicht nehmen, den Flüchtlingen so gut es ging vom Rücksitz seiner Limousine aus zu helfen: „Ich habe SPÖ-Regenschirme verteilt, damit die Leute nicht nass werden, und SPÖ-Kugelschreiber, damit sie sich ihre Zukunft in Österreich aufmalen können." Den Kindern reichte er dazu ein Sticker-Sammelalbum der SPÖ-Nachwuchshoffnungen wie Josef Cap, Charly Blecha oder Doris Bures.

Außerdem ließ er einige *Österreich-* und *Heute-*Zeitungsständer aufstellen: „So wissen die Leute wenigstens, dass ich toll bin." Die Betreuer vor Ort begrüßen diese Maßnahme, da das Klopapier ohnehin schon knapp ist.

Als ein Begleiter Faymanns ihn darauf aufmerksam machte, dass für das Asylzentrum Traiskirchen der Bund und damit die Regierung verantwortlich ist, kurbelte Faymann das Fenster hoch und wies den Chauffeur an, Radio Arabella ganz laut aufzudrehen und schnell davonzufahren.

Insgesamt dauerte der Besuch der Regierung bei den Flüchtlingen eine Stunde. „Ich habe noch nie so viele hoffnungslose, leere Gesichter gesehen", meint Hilal A. aus Syrien. Als unser Reporter ihm erklärt, dass es sich dabei um die österreichische Regierung handelte, bekommt er ein weißes Gesicht, ruft hektisch seine Familie zusammen und tritt die Heimreise nach Damaskus an.

 46 800 Leser   ➤ 19 350 Shares

Katharina: Es könnt' so gewesen sein …
Satire schmerzt am meisten, wenn die
Realität kaum anders ist :-(

Roman S.: Wenn Satire nicht mehr als
solche erkennbar ist und von der Realität
eingeholt wurde …

Linkin Park, Prodigy & Co.: Alters-schnitt bei Frequency erstmals höher als bei Musikantenstadl

Beim diesjährigen FM4 Frequency Festival ist der Altersdurch-schnitt der Musiker erstmals höher als jener des letzten Musikan-tenstadls. Wieso, warum, und wen interessiert das überhaupt? Eine Spurensuche.

„Also eines muss man dem Veranstalter lassen", sagt ein 16-jäh-riger Frequency-Besucher, der keine der auftretenden Bands jemals zuvor gehört hat. „Linkin Park, Prodigy, The Offspring … das Line-up des Festivals liest sich wieder mal wie das Who's who des Who the fuck cares."

Wir fragen nach und wollen wissen, warum unter dem Schirm eines Jugendsenders Bands auftreten, die seit Jahrzehnten out sind. „Also bei einem Musikfestival steht naturgemäß die Musik im Hintergrund", heißt es bei FM4.

„In erster Linie geht es beim Frequency darum, Alkohol zu trin-ken, sich niederzubechern, komplett umzublasen, den Verstand zu zersaufen, sich das Hirn runterzutschechern auf einen IQ von minus 100, und vielleicht, wenn dann noch Zeit ist, gemütlich das eine oder andere Gläschen Wein zu trinken." Wer aber im Hintergrund die Begleitmusik zum Mäxchen-Spielen abliefert, sei für die Besucher laut FM4 nicht relevant.

Am Festivalgelände wurde in den letzten Jahren einiges umgebaut, um sich auf die alternden Musiker einzustellen. So gibt es heuer erstmals eigene Bereiche für Sauerstoffzelte. Backstage bekommen die Rockstars zum Koks gleich zwei Gratisinfusionen dazu. Auf der Bühne wird in jedes Schlagzeug ein Defibrillator integriert, und die Sanitäter sind speziell geschult für Einsätze bei Bandscheibenvorfällen und Unfällen mit dritten Zähnen.

Alternde Bands bringen auch neue Probleme mit sich, wie Veranstalter Harry Jenner heuer am eigenen Leib erfahren musste. „Der Auftritt der Alt-Punker The Offspring hat lange gewackelt, weil in ihrem Seniorenheim ausgerechnet heute Lasagne-Tag ist." Außerdem habe sich das Festival rechtlich neu absichern lassen: Musiker, die ohne ärztliches Attest und ohne Helm ein Stagediving riskieren, bekommen im Schadensfall kein Geld von der Versicherung.

Die örtliche Bevölkerung, die rund um das Festivalgelände lebt, hat sich inzwischen mit der jährlich wiederkommenden Flut irrelevanter Bands abgefunden. „Es is, wie es is, do könn ma nix ändern", seufzt ein Bauer und zeigt an die Wand, wo schön gehäkelt eine jahrhundertealte St. Pöltner Bauernregel hängt: „Schreit im Juli im Stall das Vieh, kommen im August Regen und Prodigy."

 44 000 Leser   4600 Shares

Akatosh M.: Wenn die Frequency-Besucher auch ihre Müllablagerungen auf das Level des Musikantenstadls reduzieren, könnten dieses Jahr sogar Fische überleben.

Jack J.: … na dann wird es Zeit, dass die Jugend von heut endlich mal anfangt, gscheite Musik zu mochn.

Hunderte psychisch Kranke vermutet: Ärzte ohne Grenzen verlangt Zutritt zum Parlament

Während ihres Besuches in Traiskirchen kamen Mitglieder von Ärzte ohne Grenzen in Kontakt mit österreichischen Parlamentariern und zeigten sich entsetzt über deren Zustand. „Wir vermuten Hunderte psychisch schwer kranke Menschen im Parlament", zeigte sich ein Sprecher der NGO besorgt und fordert nun uneingeschränkten Zutritt.

„Ich war in einer geschlossenen Anstalt tätig, habe einen Auslandseinsatz bei Kindersoldaten in Uganda hinter mir und war Chefarzt auf Shutter Island, aber noch nie zuvor habe ich so schwere Fälle getroffen wie hier im Parlament", erzählt Dr. Frank Weißenberger, der vom Kriseninterventionsteam betreut werden muss, nachdem er mit Christian Höbart (FPÖ) auf einen Kaffee gegangen war.

„Der ganze Nationalrat ist voll mit Leuten wie ihm", heißt es in einem ersten Lagebericht. „Sie reden wirres Zeug, hetzen und brüllen stundenlang durch den Raum oder schaukeln regungslos auf ihren Stühlen herum. Es fehlt ihnen an praktisch allen normalen menschlichen Umgangsformen."

Ärzte ohne Grenzen verlangt nun freien Zugang zum Parlament und den Austausch der Regierungsbank durch eine Regierungs-couch. Auf dieser sollen Nationalratsabgeordnete in Zukunft liegen und ihre Gedanken sicherheitshalber nicht an das Volk wenden, sondern einfach nur einem geschulten Psychiater erzählen.

„Nehmen wir etwa Strache her. Warum muss er täglich am Podium an die ganze Nation gerichtet gegen Ausländer hetzen? Er kann ja auch einfach auf der Couch liegen und unserem Psychiater erzählen, dass er die Ausländer nicht mag, weil sie ein größeres Spatzi haben als er selbst. Und wir schauen dann, dass wir die Leute wieder halbwegs so hinbringen, dass sie den Alltag da draußen alleine meistern können."

Derzeit am schlimmsten erwischt haben dürfte es Mitglieder des sogenannten Team Stronach. Panisch laufen sie durch die Reihen und suchen komplett verloren nach einer Fraktion, die bereit ist, sie aufzunehmen. „Sie haben Angst vor der Welt um sich herum, kommen alleine nicht zurecht", erzählt ein Psychiater und sorgt sich um sie. „In der Privatwirtschaft könnte keiner von ihnen länger als einen Tag überleben."

Inzwischen hat sich auch die EU eingeschaltet und fordert eine sofortige Verbesserung der Lage. Kommissionspräsident Jean-Claude Juncker zeigte sich entsetzt über die Zustände: „Dass es so etwas wie das österreichische Parlament im 21. Jahrhundert mitten in Europa geben muss, ist eine Schande für die Demokratie und ganz Europa."

 52 380 Leser   ➦ 17 100 Shares

Daniel E.: Ist doch nix Neues, denn das Parlament ist doch eine geschlossene (Ver)Anstalt(ung). Entsprechend die Zuständ(ig)e dort …

Foto: Fritz Jergitsch (Montage)

Blieb jahrelang unbemerkt: Wiener (29) findet WG-Zimmer in seiner Marihuana-Plantage

Nur durch einen Zufallsfund entdeckte der arbeitslose Wiener Herbert R. mitten in seiner Marihuana-Plantage ein WG-Zimmer. Der 29-Jährige zeigte sich entsetzt: Anscheinend lebt nämlich seit Jahren ein Student bei ihm zu Hause.

„I wollt nur mei Hasch a bissl einwassern, so wie jedn Tog in da Fruah, bevor mi mei Sohn in die ‚Susi Bar' bringt", erzählt Herbert und führt uns durch seine bis oben hin mit Hanfpflanzen voll-geräumte Gemeindebauwohnung in Wien-Simmering. „Oba auf amoi check i: Oidaaaa, zwischen de Stauden schaut a Tür hervor!"

Was Herbert hinter der Tür vorfand, war ein professionell eingerichtetes WG-Zimmer. „Do wor a Profi aum Werk", erzählt Herbert und zeigt uns diverse elektrische Anlagen wie Schreib-tischlampen, Heizstrahler und Drucker.

Ein herbeigerufener Vertreter der Mietervereinigung stellte fest, dass es sich eindeutig um ein WG-Zimmer handelt. „Wir haben etwa 250 Milliliter des in Studentenkreisen beliebten Downers ‚Birne-Mango-Smoothie' entdeckt, sowie 800 Gramm Druckerpa-pier", protokolliert der Mann. „Der Typ hot aunscheinend jeden

Tog glernt und Orbeiten ausdruckt!", schüttelt Herbert den Kopf. „800 Gramm Druckerpapier! Wie kraunk is der Haberer bitte!?"

Herbert will nun eine versteckte Kamera installieren, um den Studenten nach Ferienende auf frischer Tat zu ertappen, und droht bereits jetzt: „Der kaunn scho moi sei Mama zum Hornbach a bissl shoppen schicken, weil waunn i mit erm fertig bin, kennans den von null auf wieder zaumschrauben!"

Dutzende Mieter in der Gegend sind nun verunsichert. „In Simmering haumma no nie an Student ghobt, und in Simmering brauch ma a kan Student", warnt die Hausbesorgerin und sorgt sich vor „Zuständen wie im fünften Bezirk".

„Wehret den Anfängen!", mahnt auch der Bezirksvorsteher von Simmering und warnt vor dem Zuzug neuer Studenten. „Die Simmeringer legen keinen Wert auf Studierte mit Titel, egal ob Magister, Doktor, Major oder Hofrat. Der Einzige mit einem Titel, der von den Simmeringern respektiert wird, ist und bleibt der Herr Captain Morgan."

 206 680 Leser 20 170 Shares

Konrat O.: Polizeibericht an die Medien: „300 Süchtige spritzten sich drei Jahre lang das Marihuana."

Christian K.: Ääääähm wem intressiert das wg zimmer ?? Wenn der typ weis gott wieviel pflanzen anbaut ??? Was soll der dumme bericht bitte ??? Check ich nicht.

Nach Ibiza-Urlaub: Flughafenpolizei hält Strache irrtümlich für illegalen Einwanderer

Zu einem Missverständnis mit prominentem Opfer ist es heute am Flughafen Wien-Schwechat gekommen: FPÖ-Chef Heinz-Christian Strache wurde bei seiner Rückkehr aus dem Ibiza-Urlaub mit einem illegalen Einwanderer verwechselt und kurzzeitig in Schubhaft genommen.

Der **TAGESPRESSE** liegt das Polizeiprotokoll vor. Diesem zufolge fiel den Zollbeamten gegen 10:30 Uhr „ein dunkelhäutiger Mann mit Alkoholfahne" auf, der sogleich „per Zufall" ausgewählt wurde, um näher kontrolliert zu werden. Beim Ausfüllen des Zollformulars kamen die Beamten aufgrund zahlreicher Rechtschreibfehler zum Schluss, dass „der Verdächtige der deutschen Sprache wohl nicht mächtig" war.

Was dann passierte, wird Strache so schnell nicht mehr vergessen: „Diese Behandlung, die mir widerfahren ist, soll kein anderer Mensch erleben müssen! Also, außer es handelt sich um einen Ausländer." Strache wurde vorgeworfen, er wäre mit einem Flüchtlingsboot nach Ibiza gereist: „Dabei hab ich dort doch nur das ‚CrAzY RiDe'-Partyboot bestiegen."

Bei der Frage, ob er in den vergangenen Wochen mit Bomben hantiert hätte, verwies Strache auf seine umfangreiche Erfahrung mit „Jäger-Bombs", was die Aufklärung des Missverständnisses weiter verzögerte.

Der dienstführende Zollbeamte verteidigt die Amtshandlung: „Strache war in Begleitung dreier junger Frauen. Mehrere Frauen haben sie doch nur in Saudi-Arabien oder Afghanistan."

Zur Aufklärung kam es erst, als Strache ein Telefongespräch mit Herbert Kickl gewährt wurde, im Zuge dessen er über die Unterbringung, das Essen, die Behandlung, die Wartezeit, das Wetter, den Fliesenboden, die Hitze, die Kälte, Privatfernsehen, 3G-Internet, Polyesterpullover und über die Existenz des Seins suderte. Der Beamte: „Da wussten wir, es kann sich nur um einen Österreicher handeln."

 102 400 Leser   19 610 Shares

> *Luki W.*: Also in diesem Fall wäre ich für eine sofortige Abschiebung, ganz Österreich wäre damit geholfen!

> *Wolfgang R.*: was ist das für ein schundblatt?

> *Clemens F.*: Ein Zaun hätte das sicher verhindern können.

Foto: Fritz Jergitsch (Montage)

Verkaterte Ursula Stenzel fragt sich, „was zur Hölle" sie gestern gemacht hat

Mit einem Brummschädel biblischen Ausmaßes wachte ÖVP-Bezirksvorsteherin Ursula Stenzel heute Morgen im Schlafzimmer ihres Wiener Innenstadtpalais auf – ohne jede Erinnerung an den vorherigen Tag. Im Gespräch mit der **TAGESPRESSE** versucht die Politikerin, die Geschehnisse zu rekonstruieren.

„Auch ich darf einmal ein bisschen auf die Pauke hauen und mich gehen lassen", rechtfertigt sich Stenzel eingangs, während sie sich ein Reparaturseidel Prosecco einschenkt, ein Aspirin darin auflöst und das Glas in zwei Zügen leert. „In meinem Alter will halt der Körper dann nicht mehr so recht."

Denn die vergangenen 36 Stunden sind der Politikerin nicht mehr erinnerlich. „Filmriss, wieder einmal. Was zur Hölle hab ich eigentlich gestern getrieben? Ich find das immer unerträglich, wenn so etwas passiert."

Mithilfe eines Notizblocks rekonstruiert sie den Tag: „Also, am Montag habe ich zuerst die Tauben im Stadtpark gefüttert, ein homosexuelles Touristenpaar aus dem Stephansdom vertrieben und einen betrunkenen italienischen Studenten im Bermudadreieck ausgepeitscht. Dann war ich bei der Bezirksratssitzung." Danach endet ihre Erinnerung.

Als wir eine Stunde später in ihre Wohnung zurückkommen, ist Stenzel bereits schlauer: „Ich muss in der Passage gewesen sein." Das schließe sie aus einer Kreditkartenrechnung für eine Magnum-Flasche Veuve Clicquot sowie aus einem polizeilichen Betretungsverbot für genanntes Etablissement, erteilt wegen öffentlicher Entblößung.

Nach und nach kommen schließlich bruchstückhafte Erinnerungen zurück: „Na klar! Irgendwann war ich ja bei der After-Hour im Goodman! Das gehört für mich an einem gepflegten Abend dazu. Und da habe ich – mein Gott! – da hab ich ja diesen charmanten Wiener Zahntechniker kennengelernt."

Plötzlich bewegt sich etwas unter ihrer Bettdecke. Der Kopf von FPÖ-Chef Heinz-Christian Strache erscheint, und er starrt uns kurz an. Dann steht er auf, zieht sich schweigend an und verlässt den Raum. „Ah, da ist er ja! Na schade, jetzt habe ich ihm nicht meine Telefonnummer gegeben." Zwinkernd flüstert sie: „Weil der kann gerne bald wieder eine Oktoberrevolution bei mir machen."

Anmerkung: Am Tag zuvor verkündete Stenzel ihre Kandidatur bei der Wien-Wahl für die FPÖ.

 97 120 Leser   17 100 Shares

> *Max S.:* Mit der Ursula Stenzel kriegt die FPÖ gleich ein paar Promille dazu.

> *Bertie X.:* Hat ihr Sachwalter geschlafen? Wie konnte das passieren?

Foto: Land Niederösterreich (Montage)

Noch so ein billiger Fake! Chinesischer Politiker kopiert Erwin Pröll

China ist bekannt dafür, gerne europäische Erfindungen zu kopieren, zumeist in minderwertiger Qualität. Jetzt ist mit Erwin Pröll zum ersten Mal ein Politiker betroffen: Er wurde von einem chinesischen Lokalpolitiker offenbar dreist kopiert. Und das, ohne vorher die Erlaubnis von Prölls Eigentümer, der Raiffeisenbank, einzuholen.

El Win, Regionalgouverneur aus der Provinz Jiangxi, gleicht Erwin Pröll wie ein Abziehbild. Er bestreitet allerdings vehement, Niederösterreichs Landeshauptmann auch nur zu kennen: „Wenn Sie noch einmal so eine Unterstellung wagen, dann werde ich Sie und Ihre Familie ruinieren, Kruzifix noch einmal!", brüllt er den **TAGESPRESSE**-Redakteur am Telefon an, als er mit den Vorwürfen konfrontiert wird. „Und jetzt lege ich auf, ich muss noch einen Kreisverkehr eröffnen."

Doch El Wins Politik lässt anderes vermuten. Wie bei seinem Vorbild kommen auch in seinem Wahlkreis auf einen Bewohner mittlerweile 1,6 Krankenhäuser. Außerdem herrscht dort die am weitesten fortgeschrittene Meinungsfreiheit in ganz China: Wer die Obrigkeit kritisiert, dem steht es frei, das Land zu verlassen.

Genauso sieht es mit der Pressefreiheit aus; die gesamte Provinz ist frei von freier Presse.

Doch die Pröll-Kopie ist nicht ganz perfekt und weicht vom Vorbild in einigen Aspekten ab. So hat El Win nachweislich mehrere Infrastrukturprojekte umsetzen lassen, die nicht vollkommen unnötig sind. Außerdem lasten am Budget des chinesischen Politikers keine Milliardenhaftungen einer Landesbank.

Könnten demnächst auch andere Politiker, wie etwa Bundeskanzler Werner Faymann, Opfer der Imitatoren in China werden? Politologe Xin Han von der Peking-Universität winkt ab: „Faymann wird in China wohl nie kopiert werden. Der ist doch selbst schon ein billiger Fake von Bruno Kreisky, oder etwa nicht?"

 45 300 Leser   7290 Shares

Berenike P.: Never ever: Die Chinesen faken nur erfolgreiche Produkte, bei denen ein entsprechend großer Markt vorhanden ist.

Helmut D.: Das ist Elwin Plöll! „Unser" Erwin ist nur eine Kopie!

Martin S.: Jetzt reicht's aber. Das ist UNSER Diktator!

Foto: Kzenen/Fotolia (Montage)

Tausende Erstklässler betroffen: Iglo präsentiert gesunde Schultüte, gefüllt mit Kohl und Spinat

In ganz Österreich stehen Tausende Erstklässler unter Schock. Statt Schokolade und Zuckerln bekamen sie heute von ihren Eltern die neue gesunde Schultüte von Iglo überreicht – bis oben hin gefüllt mit Kohl und Spinat.

Schreckliche Szenen spielen sich zur aktuellen Stunde in Dutzenden Schulen ab. Erstklässler schreien, weinen und fragen: Warum? „Wenn es Gott gibt, warum lässt er so etwas zu?", fragt die kleine Hannah und starrt fassungslos auf ihre Schultüte. Wie viele andere fühlt sie sich von ihren Eltern um Schokolade und Zuckerln betrogen.

„Derzeit haben wir eine Art Notversorgung aufgestellt, um die Kinder über die Runden zu bringen", erzählt eine Lehrerin, die in dieser Ausnahmesituation einige Erstklässler mit Kochschokolade und Staubzucker füttert.

„Die meisten haben das Zeug zum Glück sofort weggeworfen", erzählt ein Mitarbeiter des Roten Kreuzes, der vor Ort ist. „Aber manche haben gedacht, dass es sich vielleicht um einen Scherz handelt und das ganze Schokolade in Form von Spinat ist." Einige haben deshalb in ihrer Verzweiflung den Inhalt gegessen und klagen nun über Bauchschmerzen, da ihr Magen die Aufnahme von Gemüse nicht gewohnt ist.

Einen noch verheerenderen Fall berichten die Medien aus Lilienfeld, wo der 6-jährige Maximilian von seinen Eltern eine Schultüte der Marke blend-a-med geschenkt bekam. „Er hat dann vielleicht die schönsten Zähne der Klasse", stellt sein Lehrer fest und legt dem in der Ecke kauernden Jungen eine Decke über die Schultern. „Aber was bringt ihm das, wenn er nie wieder in seinem Leben lächeln können wird, nach dem, was er heute an seinem ersten Schultag erlebt hat?"

Die Firma Iglo rechtfertigt das neue Produkt und erklärt, bereits weitere gesunde Kinderüberraschungen in der Pipeline zu haben. „Schon in wenigen Wochen gibt's wieder was Neues zum Naschen für die Kids", lächelt der Iglo-Geschäftsführer hämisch, während er die weiße Katze auf seinem Schoß streichelt und sich auf seinem schwarzen Lederstuhl wegdreht. „Dann kommt der Iss-was-Gscheit's-Adventkalender in die Supermärkte. Mit 24 verschiedenen Spinatsorten!"

 101 480 Leser   23 290 Shares

Silke S.: Und jetzt gibt's bestimmt ein paar (intelligenzbefreite) Bio-Öko-Übermütter, die heute beim Interspar nach der Iglo-Schultüte fragen werden.

Monika N.: Bähhh, wenn der Kohl und der Spinat wenigstens aus Schokolade wären, arme Kinder.

„Werde Vollgas geben!": Häupl will am Wahlabend die 4-Promille-Hürde knacken

Der Wiener SPÖ-Chef Michael Häupl verspricht seinen Wählern, bei der Abstimmung am 11. Oktober „komplett Voigas zu geben!". Am Wahlabend möchte der amtierende Bürgermeister alles dafür tun, um erstmals die 4-Promille-Hürde zu knacken.

„Ich werde Strache politisch vernichten. Und daunn vernicht i mi!", lacht Bürgermeister Häupl bei einer Pressekonferenz im Heurigen „Zum überfahrenen Radfahrer". Bei der letzten Wahl ist Häupl mit 3,8 Promille nur knapp gescheitert, wobei er die Ursache bei seinen politischen Mitbewerbern sieht. „Damals hob i mir jo nur die Vassilakou schönsaufen müssen", erklärt Häupl. „Aber diesmoi muass i ma den Strache schönsaufen. Do brauch i sicher zwa, drei klane Fassln Wein mehr."

In der SPÖ arbeitet man mit Hochdruck an den Vorbereitungen für den Tag X. Das Wahllokal in Häupls Heimatbezirk Ottakring wurde extra vom Magistrat in ein Wirtshaus verlegt, und in seinem Dienstwagen wird gerade die Rückbank abmontiert, um für eine Minibar Platz zu machen. Außerdem wird im Rathaus gerade der am Eingang hängende Defibrillator entfernt. Stattdessen wird man – „Nur für den Notfall!" – ein kleines Fass Grünen Veltliner hinter Plexiglas an die Wand hängen.

Wieso Häupl so viel Wert darauf legt, die psychologisch wichtige Marke von vier Promille zu knacken? „Ich möchte den Wienerinnen und Wienern zeigen, dass ich einer von ihnen bin", erklärt Häupl und gibt Bürgernähe als Grund an. Laut einer aktuellen Forsa-Umfrage gaben 87 % der Wiener an, wenn am Sonntag Wahl wäre, wollten sie abends mehr als vier Promille haben.

Gegenwind bläst Häupl inzwischen von der FPÖ entgegen. „Wir haben uns Verstärkung geholt!", gibt sich Spitzenkandidat Strache kämpferisch und zeigt auf Ursula Stenzel, die neben ihm unter dem Tisch liegt. „Ich werde den Häupl an der Prozentfront attackieren, und unsere blaue Lady Stenzel wird ihn sich an der Promillefront vornehmen."

Auch der ORF reagiert bereits. Am Wahlabend wird die Sendung *Im Zentrum* zwar wie gewohnt stattfinden, aber die Kameras werden am Boden aufgebaut. Ingrid Thurnher wird Häupl und Strache um 21 Uhr dann live zur Diskussion unter dem runden Tisch begrüßen.

 56 370 Leser    18 000 Shares

Michael R.: Wenn nicht, dann schafft er den Einzug in die Notaufnahme.

Michaela W.: Ohne Alkohol ist die österreichische Politik wohl nicht mehr zu ertragen …

„Bin bereit für London": Arnautovic freut sich auf EM in Frankreich

Die EM 2016 in Frankreich kann kommen: Österreich hat sich erstmals auf sportlichem Wege für den Bewerb qualifiziert. Besonders freuen sich darüber die ÖFB-Spieler, allen voran Marko Arnautovic. Gegenüber der **TAGESPRESSE** bestätigt er, er sei „bereit für London".

Als wir ihn in der Team-Unterkunft zum Interview besuchen, hört man bereits im Stiegenhaus, wie er euphorisch seine Französisch-Kenntnisse schärft: „Merci, Oida. Bon jour, Bitch. Hasta la vista, London!"

Freudestrahlend erklärt er uns: „Ich liebe dieses Team! Und um allen eine Freude zu machen, hab ich sogar schon elf Flugtickets nach London gebucht." Als wir ihn fragen, ob er denn wisse, wo London sei, droht er uns, er würde unser „Leben kaufen".

Da er jedoch keine 30 Euro in bar dabeihat, beruhigt er sich wieder und gibt der **TAGESPRESSE** flüsternd Einblicke in seine Pläne: „Ich hab scho alles gebucht. Flug, Hotel, Partys für die Burschen. Diese EM wird noch viel geiler als die letzte, die in Brasilien."

Arnautovic legte sogar schon eine Tagesplanung fest: „Aufstehen um 12 Uhr. Dann erst mal ein Bier im Buckingham-Palast zwitschern. Danach ein bissi Fußball spielen gehen, und dann fette Party mit den Burschen. Und wenn wir noch Zeit haben, können wir uns auch die Niagarafälle ansehen."

An dieser Stelle unterbrechen wir ihn und weisen darauf hin, dass sich die Niagarafälle in Kanada befinden, und nicht in London oder Frankreich. Doch der Fußballer beteuert, er hätte im Hotel in London angerufen und sich Tipps für umliegende Sehenswürdigkeiten geben lassen.

Als Arnautovic die Flugtickets hervorholt, löst sich das Missverständnis auf: Anstatt nach London in Großbritannien buchte Arnautovic versehentlich elf Flüge nach London in Ontario, Kanada, eine Stadt nahe den Niagarafällen. Arnautovic nimmt es gelassen: „Dann können wir uns dort ja zumindest den Eiffelturm ansehen."

 75 000 Leser   10 000 Shares

Chris W.: Aufpassen! Wenn ihr so auf den Marko losgeht, kauft er nicht nur eure Leben, sondern auch eure Seite und macht ein Satiremagazin draus!

Philipp J.: Danebengehaut. Nicht witzig.

Foto: Roland Schlager / APA / picturedesk.com

Faymann verkündet, Grenzen sofort nicht doch schon bald vielleicht nicht zu schließen

Endlich klare Worte vom Bundeskanzler: Nach Tagen der Ungewissheit verkündete Werner Faymann heute an der Seite von Vizekanzler Mitterlehner, die Grenzen sofort nicht doch schon bald vielleicht nicht eventuell zu schließen. Damit dürfte sich die Flüchtlingskrise deutlich entschärfen; für manche Experten ist sie damit sogar gelöst.

„Diese außergewöhnliche Situation erfordert klare, deutliche Maßnahmen", so Faymann bei einer Pressekonferenz. „Wir in der Regierung haben erkannt, dass es nur diese eine richtige Lösung geben kann."

Auf die Frage, ob Kriegsflüchtlinge in Österreich auf Schutz hoffen können, stellt Faymann unmissverständlich fest: „Klarerweise werden wir da die Gesetzeslage, in Anbetracht der Situation, meistens nicht nachlässig schon immer kaum in Zügen der ÖBB nicht sehr wohl beachten, solange sie Mineralwasser bekommen. Das steht ja wohl außer Frage."

Im Zuge der Umsetzung dieser Maßnahme sollen auch Bundesheersoldaten an den Grenzen postiert werden: „Damit bekommen wir das, was wir im Moment am dringendsten benötigen:

Pressefotos von 18-jährigen Grundwehrdienern mit Sturmgewehr, die jedem zeigen: Wir wissen, was wir tun."

Einige der anwesenden Journalisten lassen sich spontan zu ehrfürchtigem Applaus verleiten. Man spürt: Faymann und Mitterlehner haben die Lage im Griff. Selbstbewusst wie ein echter Staatsmann kichert Faymann in die ORF-Kamera, während Mitterlehner eine SMS mit dem Inhalt „Es ist vollbracht, mein Gebieter" nach St. Pölten sendet.

Sogar Politik-Experte Peter Filzmaier findet lobende Worte: „Faymann agiert in dieser Krise mit ruhiger Hand. So ruhig, dass man sich gar nicht sicher ist, ob sie sich überhaupt noch bewegt oder nicht schon lange tot ist."

Auch an einer anderen Front zeichnet sich eine Lösung ab: Nach der tagelangen, unaufhörlichen Flut an grenzdebilen Wortmeldungen ziehen die Behörden heute die Notbremse und führen Grenzdebilenkontrollen vor dem Parlamentsklub der FPÖ ein. Auf vorerst unbestimmte Zeit dürfen Presseaussendungen nur dann die Klubräumlichkeiten verlassen, wenn sie nicht auf eine Alkoholisierung des Verfassers schließen lassen und in korrektem Deutsch verfasst sind.

 105 730 Leser   14 400 Shares

Mark C.: Das ist zu 80 % hundertprozentig wahrscheinlich.

Vinzenz R.: Hoffentlich fällt Herr Strache nicht wieder auf diesen Artikel rein.

Erster Erfolg an Grenze: Bundesheer meldet Vernichtung von 14 Kisten Bier

Nur kurz nach Beginn des Assistenzeinsatzes an der Grenze zu Ungarn kann das Bundesheer einen Erfolg melden: Bereits in den ersten Stunden gelang es Soldaten des 17. Jägerbataillons mit Unterstützung einer Pionierkompanie, 14 Kisten Bier zu vernichten. Der Einsatz dauerte bis in die frühen Morgenstunden.

Oberst Thomas Hofer bestätigte den Erfolg gegenüber der **TAGESPRESSE**: „Meine Männer sind ans Äußerste gegangen und haben Kampfgeist bewiesen. Sie haben alles genauso gemacht, wie wir es ihnen in der Grundausbildung beibringen. Ich empfinde tiefe Ehrfurcht vor dieser Leistung."

Schon kurz nach der Ankunft in Nickelsdorf entdeckten zwei vorausgeschickte Aufklärer eine Nah&Frisch-Filiale, indem sie „supermarkt nikelstorf" in ihr Smartphone eintippten. Ein Jägertrupp rückte daraufhin von Nordosten her zum Getränkeregal vor, sicherte die Zielobjekte und brachte diese zurück zum Stützpunkt, um sie der Vernichtung zuzuführen.

Trotz des heroischen Einsatzes müssen auch Verluste beklagt werden: „Acht Soldaten waren nach Ende der Aktion nicht mehr einsatzfähig und mussten im Feldlazarett behandelt werden. Ein Soldat ist leider gefallen. Also, er ist die Treppe runtergefallen. Aber es geht ihm gut", erklärt Oberst Hofer.

Allerdings konnte auch ein Gefangener gemacht werden: Den Soldaten gelang es, ihren eingeschlafenen Kommandanten an einen Sessel zu fesseln und ihm mit Lackstift einen Schnurrbart aufzumalen.

Verteidigungsminister Klug lobte den Einsatz seiner Soldaten: „So eine tapfere Leistung habe ich noch nie erlebt, nicht einmal auf einem Bundesparteitag der SPÖ." Die Soldaten sollen nun mit dem Großen Goldenen Bierkrug 1. Klasse ausgezeichnet werden.

 165 000 Leser 40 900 Shares

Franz R.: Prost, Leute, und lasst es euch schmecken! … Mehr habt ihr auch nicht zu tun!

Dave B.: so ein schwachsinn !!!!!!!!!!!! LÜGENPRESSE !!!!!!!!!! als ich um 03:00 Uhr gegangen bin, waren es schon weit über 45 Kisten!!! Wann berichtet die Presse endlich mal die Wahrheit?

Patrick P.: Nur 14? Schwache Leistung.

ISS mit IS verwechselt: Dschihadist reist versehentlich ins Weltall

Wie peinlich! Ein Wiener Dschihadist wollte sich dem „Kalifat" anschließen, hat dabei jedoch den IS mit der ISS verwechselt. Nun versucht der 17-jährige Murat T. schon seit Wochen verzweifelt, auf die Internationale Raumstation zu gelangen.

Bis vor Kurzem war Murat ein ganz normaler Schüler einer Wiener Handelsakademie. Doch in den Sommerferien hat sich der 17-jährige Wiener entschieden, sich dem Kalifat anzuschließen. Jetzt befindet er sich mit nur 200 Euro Bargeld und einem gebrauchten VW Golf auf dem Weg ins Weltall.

Schuld an der Verwechslung zwischen IS und ISS dürfte Murats Cousin sein. Der seit seiner Geburt an einem leichten Stottern leidende Elektriker erinnert sich noch an die letzten Worte, die er mit Murat gewechselt hat: „I-Ich habe su-su ihm gesagt: Wenn du-du machen willst Te-Terror, mussu gehen su-su diesem IS-S."

Murats Klassenkollegen erklären, sie hätten von seinem Vorhaben nichts geahnt. „Er war nie freundlich und immer extrem auffällig. Einfach einer von uns halt", erzählt Sitznachbar Julian. Nur eine Klassenkollegin berichtet, dass Murat ihr gegenüber verraten hat, dass er nachts immer in der Kühltruhe schlafe und so lange wie möglich die Luft anhalte. „Er sagte, da, wo er bald hingeht, gibt es keinen Sauerstoff und es hat bis zu minus 270 Grad."

Auf der Internationalen Raumstation ist Murat laut NASA niemals eingetroffen. Die Astronauten der ISS beziffern die Chance, dass er es ohne 10-jährige Astronautenausbildung und 290 Millionen Euro teures Equipment bis zur Raumstation schafft, mit „höchstens 50 Prozent".

Doch nicht alle sehen den Vorfall derart gelassen. FPÖ-Chef Strache zeigt sich alarmiert. „Ich fordere, dass das Weltall von einer Stadtwache geschützt wird, die rund um die Uhr im Weltraum patrouilliert." Strache verspricht eine Umsetzung, sobald er „Bürgermeister von der ganzen Welt" ist.

Heute Morgen jedoch sorgten Neuigkeiten für Aufregung in Murats Familie. Die Behörden berichten, dass Murat am Wochenende tatsächlich versucht habe, vorerst ans Ende der Welt zu gelangen, um von dort weiter ins All zu reisen. „Er hat uns gefragt: ‚Wo ist das Ende der Welt?'", erzählt ein Augenzeuge und berichtet über seine Begegnung mit Murat. „Ich hab ihm auf einem Stadtplan Floridsdorf gezeigt, und dann ist er weitergefahren."

Seine Eltern wissen, was diese Schocknachricht bedeutet: „Unser Sohn ist verloren. Wäre er im Weltall, gäbe es noch die Chance, dass er irgendwann sicher zurückkehrt. Aber aus Floridsdorf ist noch keiner ohne Trauma nach Hause gekommen."

 95 870 Leser   24 390 Shares

> *Konstantin F.:* Und er beginnt den heiligen Krieg der Sterne!

> *Stefan L.:* „Houston, we have a Moslem."

> *Pa S.:* Er hat das mit ALLahu akbar wohl falsch verstanden.

Foto: Luna Filmverleih, Facebook (Montage)

Nicht schon wieder! Strache hält „Tom Turbo"-Folge für Doku über Straßenkriminalität

Nachdem Heinz-Christian Strache vor einigen Tagen bereits zum dritten Mal einer Satireseite aufgesessen war, unterlief ihm am gestrigen Sonntag das nächste Missgeschick: In mehreren Facebook-Postings forderte er die Auszeichnung des ORF-Detektivfahrrads „Tom Turbo" für dessen Beitrag im Kampf gegen Kriminalität. Offenbar hielt Strache die Kindersendung für eine Dokumentation über die Bekämpfung von Straßenkriminalität.

Sonntags um kurz vor neun Uhr morgens postete Strache auf seiner Seite: „Zur Info: Der Rotfunk ist ja doch noch zu was gut! Interessante Doku gerade auf ORF1." Dazu stellte er ein Foto von Tom Turbo. Zehn Minuten später postete er: „Toll, dieses mutige Fahrrad! Keine Gnade den Kriminellen. FPÖ fordert Verleihung des Ehrenkreuzes für Verdienste um die Republik!"

Als DiETAGESPRESSE Strache am Telefon erreicht, ist er sich seines Irrtums offenbar noch immer nicht bewusst. Strache schwärmt stattdessen von den „unzähligen Turbo-Tricks", die das Fahrrad zur Kriminalitätsbekämpfung einsetzt: „Endlich jemand, der bei Verbrechern hart durchgreift, anstatt den Irrweg der Kuscheljustiz weiterzuführen."

Strache kann sich vorstellen, Tricks wie den „Turbo-Strahl" oder den „Turbo-Greifarm" auch Streifenpolizisten zur Verfügung zu stellen. Er hat eigenen Angaben zufolge daher bereits eine schriftliche Anfrage an den ORF, 1136 Wien, Kennwort „Die heiße Spur", gerichtet.

Gleichzeitig fordert er die Abschiebung des fiktiven Bösewichts der Kinderserie, Fritz Fantom. „Dieser Nachname klingt ja nicht gerade typisch österreichisch. Vermutlich trägt er seinen violetten Umhang, um seine ausländische Herkunft zu verschleiern", vermutet Strache.

Gleichzeitig lobt er den ORF für seine realitätsnahe Berichterstattung über die Kriminalität auf Wiens Straßen: „Sogar der Rotfunk kann seine Augen nicht mehr vor der Wahrheit verschließen: nämlich, dass man nicht einmal mehr durch Wien spazieren kann, ohne befürchten zu müssen, Opfer von Dr. Gruselglatz oder Rosso Robot zu werden."

 57 590 Leser   10 600 Shares

Max J.: T. Turbo und HC Strache verbindet nicht zuletzt auch ihre Liebe zu Schmiermitteln, nur dass der eine dabei Öl und der andere Geld bevorzugt.

Rainer H.: Breaking news: Tom Turbo wird Sicherheitssprecher der FPÖ.

Foto: Patryk Kosmider/Fotolia.com (Montage)

VW-Skandal weitet sich aus: Autos mit Luftballons statt Airbags ausgestattet

Die Vorwürfe sind vernichtend: Volkswagen soll bei seinen Dieselautos nicht nur die Abgaswerte manipuliert haben, sondern auch die Ausstattung. Bei zahlreichen Modellen wurden ab 2014 statt Airbags nur noch Luftballons eingebaut.

„Wir haben unseren Augen nicht getraut, als wir im Labor die neuen VW-Modelle mit einem Crashtest-Dummy am Fahrersitz gegen eine Wand krachen ließen", erzählt ein Techniker der zuständigen US-Behörde. Dann zeigt er uns den roten Gummifetzen, der im vollkommen zerstörten Gesicht der Puppe klebt. Aus dem Armaturenbrett schnellte beim Aufprall kein rettender Airbag, sondern ein Luftballon.

Wobei: Schnell ging es in den wenigsten Fällen. Vielen Modellen ging beim Aufblasvorgang des Luftballons die Luft aus, der Motor begann zu stottern, sie mussten über den Vergaser immer wieder Luft ansaugen und benötigten bis zu zehn Minuten, um die Luftballons vollständig aufzublasen.

Die Firma VW gestand die Mängel inzwischen ein, weist jedoch darauf hin, „dass die Luftballons mit Konfetti gefüllt waren, was erstens den Aufprall deutlich abmildert und zweitens das an sich tragische Ereignis eines Unfalles durch den bunten Konfettiregen humorvoll auflockert".

Wie skrupellos der Konzern tatsächlich vorging, erzählt ein ehemaliger Ingenieur des Unternehmens, der die Manipulationen nicht mehr mittragen wollte: „Zuletzt wurden dem Vorstand sogar die Luftballons zu teuer, und sie meinten, wir sollen einfach nur noch Lidl-Sackerln einbauen, oder Stroh, das dem Lenker beim Aufprall ins Gesicht geschleudert wird."

VW weist den Vorwurf zurück, man habe deutsche Tugenden wie Zuverlässigkeit und Perfektion verraten und den Ruf einer ganzen Branche zerstört. „Ja, wir haben manipuliert", gesteht der zurückgetretene VW-Chef Martin Winterkorn ein. „Aber wir haben zuverlässig, perfekt und mit deutscher Gründlichkeit manipuliert. Fiat oder Peugeot sind doch gar nicht in der Lage, auf so hohem Niveau zu bescheißen."

In den USA drohen VW nun Strafzahlungen bis zu 18 Milliarden Dollar. Der Vorstand des Autokonzerns sieht darin aber keine Gefahr für das Unternehmen: Volkswagen will seiner bisherigen Strategie treu bleiben und die Strafe mit Falschgeld bezahlen.

 90 000 Leser   19 000 Shares

Patrick S.: Das Auto am Bild ist aber ein Alfa 159 ;-)

Antwort der TAGESPRESSE: Schockierend! Offenbar wurden auch falsche Armaturen eingebaut.

Foto: Hans Klaus Techt / APA / picturedesk.com

„Flüchtlinge haben Wahl entschieden": Strache bedankt sich bei Diktator Assad

Nach dem gestrigen Wahlsieg bei der oberösterreichischen Landtagswahl bedankte sich FPÖ-Chef Strache in einer bewegenden Rede bei allen seinen Helfern, allen voran Syriens Diktator Baschar al-Assad. Hätte dieser nicht die aktuelle Flüchtlingswelle ausgelöst, wäre der Erfolg nicht möglich gewesen, so Strache.

„Vielen Dank an alle unsere Unterstützer, die in den vergangenen Monaten ohne Unterlass Flyer verteilten, Wahlplakate anklebten und Fassbomben auf unschuldige Zivilisten abwarfen", erklärte der FPÖ-Chef gestern Abend vor jubelnden Anhängern.

Baschar al-Assad selbst konnte an den Feierlichkeiten nicht persönlich teilnehmen, da er Strache zufolge nicht die riskante Bootsreise über das Mittelmeer sowie den langen Fußmarsch durch den Balkan auf sich nehmen wollte.

Strache will jedoch nach der Wien-Wahl persönlich nach Syrien reisen, um Assad aufzusuchen und ihm für jeden einzelnen Flüchtling zu danken. „Ich bin da bereits in Kontakt mit einem salafistischen Hassprediger aus Meidling, der mir eine besonders preiswerte Reise nach Syrien organisieren wird. Er nennt es das Gotteskrieger-Package."

Die Verlierer der Wahl, SPÖ und ÖVP, lecken dagegen ihre Wunden. Faymann und Mitterlehner erklärten, „den Denkzettel verstanden" zu haben, und präsentierten noch in der Nacht einen Fünf-Punkte-Plan, um Strache zu schlagen: „Gründlicher rasieren, feinere Manieren, Frisur optimieren, mehr inserieren, besser kommunizieren!"

Bei den Grünen hat man das Wahlergebnis bereits mit kühlem Kopf analysiert, verrät Obfrau Eva Glawischnig: „Leider sind die Wähler der plumpen FPÖ-Hetze aufgesessen, weil sie ur dumm sind und weil sie ur blöd sind und voll die Nazis", schluchzt sie. Die Grünen bereiten daher ihren Umzug nach Kuba vor, „wo die Welt noch heil ist".

Anmerkung: Am Tag vor Erscheinen dieses Artikels konnte die FPÖ bei der Landtagswahl in Oberösterreich massive Zugewinne verbuchen.

 87 200 Leser   11 020 Shares

Wolfgang K.: Strache braucht bloß in der Hängematte liegen. Die besten Wahlhelfer sind die anderen Parteien mit ihrer Unfähigkeit.

Foto: Michael Gruber / EXPA / picturedesk.com

„Wollen zweistelliges Ergebnis": NEOS hoffen bei Wien-Wahl auf mindestens 10 Stimmen

Ob dieses Ziel nicht zu hoch gesteckt ist? NEOS-Obmann Matthias Strolz gab heute als Wahlziel für kommenden Sonntag ein zweistelliges Ergebnis vor. Mindestens zehn Stimmen müssten demnach möglich sein, vielleicht sogar eine mehr.

„Unsere Wahlhelfer haben die letzten Wochen fleißig daran gearbeitet, mit unserer Kernwählergruppe in Kontakt zu treten, und sind ohne Unterlass von Penthouse zu Penthouse gezogen", erklärt Strolz, den wir auf einem Baum im Augarten meditierend antreffen, wo er dabei ist, seine innere Mitte zu finden.

Doch schnell zeichnete sich ab, dass keiner der besuchten Wähler gewillt sei, NEOS zu wählen. Daher hoffte man in der Parteizentrale darauf, wenigstens die eigenen Mitarbeiter und Funktionäre irgendwie mobilisieren zu können. „Aber leider reichen die Marihuana-Vorräte der JUNOS nicht aus, um so viele Menschen dazu zu bringen, NEOS zu wählen", erklärt der Parteichef.

Nicht einmal Matthias Strolz selbst wird NEOS am Sonntag ankreuzen, wie er erklärt: „Ich bin doch nicht wahnsinnig! Die NEOS sind ja gegen Berufspolitiker. Da würde ich mir ins eigene Knie schießen, wenn ich diese Chaostruppe wähle."

Doch noch ist nicht aller Tage Abend. Denn die Wahlstrategen der NEOS sehen noch Potenzial für die Partei: „Bei 1,3 Millionen Wahlberechtigten werden mathematisch gesehen zumindest zehn Leute versehentlich NEOS ankreuzen. Daher halten wir zehn Stimmen für durchaus möglich."

Sollten sie jedoch nur neun oder weniger Stimmen erreichen, will Strolz seine Partei reformieren: „Dann benennen wir uns einfach um in ‚Ich habe die AGB gelesen und akzeptiert'." Mit diesem Namen am Wahlzettel wären Experten zufolge Wahlsiege von ungeahntem Ausmaß möglich.

 48 800 Leser   7200 Shares

> *Andy S.:* Auf die 10 werdens scho kemmen. 8 davon san eingerauchte grün-wähler, de sich in der spalte geirrt haben ;-)

> *Heinz S.:* also von mir bekommen die neos 10 kastanien!

Jobwechsel: Blatter wird Software-programmierer bei VW

Endlich ein Lichtstreif am Horizont für den suspendierten FIFA-Präsidenten Sepp Blatter: Er muss nicht, so wie viele andere ältere Dienstnehmer, die Arbeitslosigkeit befürchten, sondern darf künftig beim deutschen Autohersteller VW die Schadstoffsoftware der Dieselautos programmieren.

Diese überraschende Entscheidung wurde heute im Zuge eines Kandidatenscreenings in der VW-Zentrale in Wolfsburg gefällt, nachdem die Stelle des Softwareprogrammierers erst kürzlich und völlig unerwartet frei geworden war.

„Wir sind sehr beeindruckt von Blatter, wie er immerzu über seine Organisation sagt, es sei alles sauber und rein, egal wie schmutzig alles ist", erklärt ein Sprecher des Autokonzerns. „Genau so jemanden brauchen wir für unsere innovativen Dieselmotoren. Programmierkenntnisse müssen nicht zwingend sein, schaden aber nicht."

Blatter absolvierte sogar bereits seinen ersten Arbeitstag. Gegen 8 Uhr morgens landete er in Wolfsburg mit seinem Privatjet, der umweltfreundlich mit den Tränen von Menschenbabys betrieben wird. Sogleich begann er seine Arbeit an einem neuartigen Abgasmesssystem, das dem Fahrer einen Wert zwischen „Sehr gut" und

„Super duper sauber!" anzeigt und bei ungläubigen Fahrern auto-matisch Kohlenmonoxid in das Autoinnere leiten soll.

„Die Probleme rund um angeblich falsche Abgaswerte sind damit bald behoben", heißt es bei VW. „Dank unserem findigen Programmierer Sepp Blatter sind alle unsere Autos jetzt umwelt-freundlich und stoßen allesamt weniger Schadstoffe aus als ein Skateboard."

Alle VW-Dieselautos, die mit der manipulierten Abgassoftware ausgerüstet worden waren, sollen in den kommenden Monaten mit der neuen Software von Sepp Blatter nachgerüstet werden.

 40 400 Leser ➤ 21 280 Shares

Thomas P.: Na zum Glück gibt's noch den José Blattéro, der jetzt bei der FIFA alles regelt :)))

Leotrim M.: Wird er auch Vorstands-direktor bei den Bayern oder Wolfsburg?

Foto: highwaystarz/Fotolia (Montage)

Machtübernahme wieder gescheitert: Strache bewirbt sich an Kunst-Uni

Trotz hoher Umfragewerte scheiterte Heinz-Christian Straches Machtübernahme in Wien nun schon zum dritten Mal. Strache zog nun die Konsequenzen: Er will sich von der Politik und den Wählern abwenden, die sein Talent nicht wertschätzen. Stattdessen will er Kunstmaler werden und bewirbt sich nun an der Akademie der bildenden Künste.

Straches Chancen stehen überraschend gut. Der Kunstexperte Heinz Nüchtern zeigt sich von Straches bisherigem Werk begeistert: „Am besten gefällt mir seine späte blaue Stilphase und die frühe braune Periode."

Besonders viel Zuspruch bekommt Strache für ein auf dünnes Pappelholz gemaltes, nur 77×53 cm großes Ölgemälde mit dem Titel „Tausendfärbiges Reich". Wegbegleiter sagen, Strache wolle nach seiner gescheiterten Politikerkarriere nun der größte Maler aller Zeiten (GRÖMAZ) werden.

Bei einem Lokalaugenschein in Straches Atelierbunker in der Innenstadt zeigt sich der Ex-Politiker offen und auskunftsfreudig. An der Wand lehnen fast vollendete Landschaftsbilder mit Motiven aus Ibiza, Mallorca und dem Praterdome.

Strache ist optimistisch: „Ich kann mir vorstellen, mit meiner Kunst bald nach Deutschland zu gehen. Dann nach Polen. Und das Ziel heißt am Ende natürlich Russland!"

Während des gesamten Interviews rekelt sich Johann Gudenus mitten in Straches Atelier nackt auf einem Poster von Wladimir Putin. „Lassen Sie sich vom Johann nicht ablenken. Er steht mir heute Modell. Wir werden aber schnell fertig sein. Ich kenne seinen Beidl von gemeinsamen Strandurlauben ja bereits in- und auswendig", lacht Strache.

Trotz seiner fast beängstigenden Begabung als Künstler sieht sich Strache als verkannter Politiker. „Was nützt mir die Malerei, wenn mich die Massen nicht für meine Politik lieben?", fragt sich Strache und starrt auf seine Künstler-Seite auf Facebook. Seit sie heute Früh online ging, erhielt sie lediglich 88 Likes.

Strache sieht sich außerdem mit Hasspostings konfrontiert. Ein User schreibt: „HC, warum so viele bunte Farben? Schade, dass du jetzt auch schwul wirst, du Homo." Ein anderer stellt fest: „Kunst ist für mich Abfall." Die Userin Sandra B. meint gar: „Das ist mir alles etwas zu entartet, HC. Aber vielleicht reicht es ja für den Adventkalender von Licht ins Dunkel."

Damit die Politik nicht ganz aus Straches Leben verschwindet, will sich der Künstler persönlich für kulturelle Projekte einsetzen. Genaueres verrät er noch nicht. Auf einem Blatt Papier in Straches Atelier kann man aber bereits eine Idee erkennen. Mit schnellen Pinselstrichen steht darauf geschrieben: „Lange Nacht der Museen statt Allah und Moscheen."

Anmerkung: Bei der Wien-Wahl am Tag zuvor erreichte die FPÖ 30,8 % und lag damit deutlich hinter der SPÖ (39,6 %).

 76 360 Leser   17 620 Shares

Sasha K.: Hoffentlich wird er nicht abgelehnt.

Martina R.: wenn nicht, kann er noch immer im stillen kämmerlein sein buch „mein krampf" schreiben …

Offenbar verwirrter Beamter (55) glaubt, er hätte etwas mit dem SPÖ-Sieg zu tun

Der braucht ja Hilfe! Ein offenbar verwirrter Beamter aus Wien glaubt, er stehe in Verbindung mit dem SPÖ-Sieg bei der Wien-Wahl – und habe diesen sogar teilweise mitverursacht. Um wen genau es sich bei dem vermutlich unter Größenwahn leidenden Mann handelt, ist unklar.

Mehrere Zeugen wollen den grauhaarigen, etwa 1,80 Meter großen Mann im Burggarten nahe dem Kanzleramt dabei beobachtet haben, wie er Enten fütterte und dabei immerzu murmelte, „der blöde Michi" würde nicht anerkennen, dass das Wahlergebnis „ohne meine tollen Inserate" niemals möglich gewesen wäre.

Die Behörden bestätigen mittlerweile, dass der Mann aus einem geschlossenen Trakt der SPÖ-Zentrale entkommen konnte, wo er schon seit 30 Jahren am Steuergeldtropf hängt. Die Polizei veröffentlichte daher ein Fahndungsfoto und hofft auf die Hilfe der Bevölkerung: „Vom harten Leben da draußen hat er keine Ahnung", meint ein besorgter Polizeisprecher. „Auf sich alleine gestellt, könnte er keinen Tag überleben."

Im ganzen Burggarten sollen jetzt Puppen von *Heute-*, *Öster-reich-* und *Krone-*Fotografen aufgestellt werden. Damit soll der Beamte aus seinem Versteck gelockt werden. Doch es gibt bereits eine Spur: Vizekanzler und ÖVP-Chef Reinhold Mitterlehner meint, den Mann am Foto zu kennen: „Ja, klar! Der ist dabeigesessen, als wir bei der Steuerreform die Erleichterungen für Spitzenverdiener beschlossen haben. Er hat sich aber dabei völlig ruhig verhalten, nichts geredet und nur seine Mandalas ausgemalt."

Doch ist das, was er sagt, wirklich das Gerede eines Wahnsinnigen, oder könnte der 55-jährige Beamte die Wahrheit sprechen? Politik-Experte Peter Filzmaier mutmaßt: „Der fulminante SPÖ-Sieg, bei dem die Partei mehr als 66 500 Stimmen dazuverlieren konnte, wäre ohne ihn vermutlich nicht möglich gewesen. Ohne ihn hätte die Partei niemals so viele Wähler vertreiben können."

Entwarnung gibt es zumindest, was die Gefährlichkeit des Mannes betrifft. Bürgermeister Michael Häupl behauptet, ihn zu kennen, und erklärt: „Der tut keinem was, der ist völlig harmlos. Ich weiß das, weil ich bin sein Chef."

 75 600 Leser   13 100 Shares

Alexander P.: Da sieht man wieder, wie ungenau Zeugenaussagen sind. Der ist maximal 1,60 groß und war der Taxler vom Veltliner Michl.

Hans Peter S.: na der michl ist ein gutherziger mann und wird dem armen sicherlich helfen, einen sessel zu finden, damit er net immer beim entenfüttern stehen muss.

Foto: Focus Pocus LTD/Fotolia (Montage)

„Sind am Limit": AMS kann keine ehe-maligen ÖVP-Chefs mehr vermitteln

Die Flut an ehemaligen ÖVP-Chefs brachte das Arbeitsmarkt-service in den letzten Jahren ans Limit. Mit Manfred Juraczka, ÖVP-Spitzenkandidat bei der Wien-Wahl, kippt das System jetzt endgültig.

„Wie willst du den Juraczka bitte vermitteln? Er will den ganzen Tag nur Autofahren", sagt AMS-Mitarbeiterin Sabine Huber, wäh-rend sie drei Zigaretten gleichzeitig raucht. Lediglich ein Job als Fäkaltaucher wäre für Juraczka in Frage gekommen. Allerdings hatte die Fäkaltaucher-Firma keinen Firmenparkplatz, der groß genug für Juraczkas SUV gewesen wäre.

Sabine Huber ist mit ihren Nerven am Ende. „Ich halte das nicht mehr aus. Manfred Juraczka ist der Internet Explorer unter den Karriere-Browsern." Huber dämpft ihre drei Zigaretten aus und geht in den AMS-Wutraum, in dem sich die Mitarbeiter mehrmals täglich abreagieren können. Durch die offene Türe sieht man, wie sie eine Familienpackung Stracciatella-Eis hinunterschlingt und minutenlang auf ein Foto von Juraczka einschlägt.

Immerhin hatte es das AMS geschafft, der ehemaligen ÖVP-Wien-Chefin Christine Marek für den Wahlkampf in Wien einen Mini-Job als ständige Wahlkampf-Begleiterin von Juraczka zu vermitteln. Ihre Aufgabe war es, laute Motorengeräusche mit dem Mund zu machen, damit sich Juraczka immer fühlte, als würde er in seinem sicheren Auto sitzen.

Bei Live-Diskussionen wartete Marek in den Fernsehstudios immer in einem kleinen Auto mit laufendem Motor auf Juraczka, um ihn danach auf den Parkplatz zu seinem großen Auto zu fahren.

Ein besonders schwerer Fall für das AMS ist Wilhelm Molterer. Der ehemalige ÖVP-Chef brach mit den Worten „Es reicht!" bereits 15 AMS-Schulungen und 23 Jobs ab. Derzeit arbeitet er probeweise in einer Raiffeisen-Filiale als Tischkalender.

Doch auch bei Raiffeisen liegen die Nerven mittlerweile blank. „Wir können nicht alle alten ÖVP-Männer vor der Obdachlosigkeit bewahren. Wir stoßen hier auch an unsere Grenzen", sagt ein Sprecher der Bank. Er erinnert sich noch gut daran, als er Ex-ÖVP-Chef Josef Pröll am Weltspartag in ein Sumsi-Kostüm wuchten musste und dabei einen dreifachen Bandscheibenvorfall erlitt.

Trotz der massiven Probleme von AMS und Raiffeisen gibt es in Einzelfällen auch Erfolgsstorys zu erzählen. Eine ist die von Wolfgang Schüssel. Der Ex-ÖVP-Chef konnte in der Konrad-Adenauer-Stiftung untergebracht werden.

Ein Sieg für AMS-Betreuerin Sabine Huber: „Der Wolfgang spricht so wenig, dass er als stumm eingestuft wird. Dadurch kann die Konrad-Adenauer-Stiftung knapp, aber doch ihre Behindertenquote erfüllen. Eine tolle Sache für alle Beteiligten!"

 40 000 Leser   9500 Shares

Dom D.: Das Problem ergibt sich mit Grünen natürlich nicht, die kleben am Sessel, trotz Rücktrittsversprechen.

Karl Heinz K.: Da sieht man, dass die Roten ihre Schäfchen alle irgendwo bei der Gewerkschaft oder Arbeiterkammer versorgen und daher das AMS nicht benötigen.

Foto: Theodor Mayer

Thronverzicht gefälscht: Habsburger nach wie vor rechtskräftige Herrscher Österreichs

Große Schockwellen dürfte die Untersuchung eines Historiker-teams der Uni Wien verursachen. Demnach ist die Unterschrift unter der kaiserlichen Verzichtserklärung von Karl I. gefälscht, die Errichtung der österreichischen Republik rechtlich nichtig. Gemäß geltendem Recht von 1918 ist damit Karl Habsburg-Loth-ringen (54), direkter Nachfahre von Karl I., der Herrscher Öster-reichs.

Den Historikern zufolge kam Kaiser Karl I. am 11. November 1918, dem letzten Tag der Monarchie, zu spät zur Regierungssit-zung, da am Weg vom Schloss Schönbrunn in die Innenstadt sein Fiaker in Meidling überfallen wurde.

Da sein Verzicht jedoch als sicher galt, setzte der spätere Staats-kanzler Karl Renner kurzerhand seine eigene Unterschrift auf die Erklärung. Kaiser Karl I. protestierte aus Angst vor einem Prozess an einem österreichischen Gericht nie, wie spätere Briefe an seine Schwester belegen.

„Alle Regierungen seit 1918 hatten keine rechtliche Grundlage. Alle ihre Gesetze sind ungültig, es gilt somit wieder das Recht von 1918", resümieren die Historiker.

Der neue Kaiser, Karl Habsburg-Lothringen, gab sich nach Be-
kanntwerden der Nachricht selbstbewusst: „Heinz Fischer hat 24
Stunden Zeit, die Hofburg zu räumen", erklärte er im ORF, den er
anschließend gleich in „k.u.k. Hofrundfunk" umbenennen ließ.

Aus der nun entmachteten heimischen Bundespolitik gibt es
gemischte Reaktionen. „Alle Fortschritte seit 1918 sind rückgän-
gig gemacht: Frauen dürfen nicht mehr wählen, Homosexualität
ist wieder verboten, die Kirche ist mächtig wie nie", analysiert
ÖVP-Chef Mitterlehner. „Was für ein großartiger Tag für dieses
Land!"

Abwartend gibt sich dagegen Ex-Kanzler Faymann. Im Gespräch mit der K.U.K.**TAGESPRESSE** erklärt er: „Anstatt alles
zu überstürzen, sollten wir zuerst jene um ihre Meinung befragen, denen ich mich als Bundeskanzler Österreichs am meisten
verpflichtet fühle: die Chefredakteure von *Heute, Krone* und
Österreich."

Erste Reaktionen gibt es auch von der EU, die auf plötzliche
Machtwechsel üblicherweise kritisch reagiert: „Eine neue Regierung in Österreich? Ist das diese unbedeutende Alpenrepublik mit
diesem Faymann oder Feenmann?", fragt Kommissionspräsident
Jean-Claude Juncker ungläubig nach. „Das ist ja grandios! Lang
lebe der Kaiser!"

54 600 Leser   9500 Shares

Kathi H.: Ich bin mir recht sicher, dass es
ÖsterreicherInnen gibt, die der Meinung
sind, dass Franz Joseph noch immer
Kaiser ist.

Walter P.: Nicht so schnell! Das Privile-
gium Maius war auch gefälscht. Also wird
der gute Karl Habsburg-Lothringen wenn
überhaupt ins Landesgericht und nicht in
die Hofburg übersiedeln müssen.

Foto: puhha/Fotolia (Montage)

Innovation bei Vapiano: Gäste müssen Geschirr künftig selbst abwaschen

Die Restaurantkette Vapiano ist bekannt dafür, in der Gastronomie immer neue Wege zu gehen, um ihren Gästen eine entspannte Mahlzeit zu verhindern. Jetzt sorgt sie mit einer weiteren Innovation für Aufsehen: Alle Gäste müssen ihr Geschirr nach dem Essen künftig selbst abwaschen.

Im Restaurant auf der Wiener Mariahilfer Straße ist das Konzept schon implementiert. Als wir zur Mittagszeit einen Lokalaugenschein vornehmen, hat sich vor der Abwasch bereits eine kleine Schlange gebildet.

Beim Spülmittel dürfen die Gäste zwischen den Sorten „Frutta della Toscana" und „Odore di Sicilia" wählen. Gegen einen Aufpreis von 3 Euro pro Person gibt es zum Spülen auch Warmwasser. Für Gruppen gibt es spezielle Waschbecken für bis zu vier Personen, die auch im Voraus reserviert werden können.

Damit alles schön sauber wird, steht allen Kunden die hauseigene, echtitalienische spazzola di pulizia (Reinigungsbürste) mit biologischem Birkenholzgriff zur Verfügung. „Und wer sich das Vapiano-Feeling mit nach Hause nehmen will, kann die Bürste anschließend um nur 39 Euro kaufen", erklärt der Geschäftsführer von Vapiano Österreich.

Ist das Geschirr zufriedenstellend gereinigt, darf man an der Kasse die Rechnung begleichen und sich wie immer einen Löffel Gummibärchen nehmen. „Ich find das toll", meint Kunde Julius B. (27) aus Wien-Neubau. „Dafür kostet halt die Pasta nicht so viel wie in einem Drei-Hauben-Restaurant, sondern eher wie in einem Ein-Hauben-Restaurant."

Sollte sich das Konzept bewähren, will Vapiano sogar noch einen Schritt weiter gehen: Schon bald könnten Gäste aufgefordert werden, ihre eigenen Zutaten, Kochpfannen, Köche und Induktionsherde mitzubringen.

 54 000 Leser   9300 Shares

Vapiano Linz: Nicht zu vergessen: Das eigens kreierte Vapiano-Spülmittel „glanza di tella" riecht nach Rosmarin und Basilikum und kann man um 24 Euro ebenfalls mit nach Hause nehmen.

Hugo D.: Frechheit! Und bald muss ich auch noch mit meinem eigenen Geld zahlen, oder wie?

Nur Männer in der Regierung: Saudi-Arabien gratuliert Oberösterreich zum Fortschritt

Eine Regierung ganz ohne weibliche Beteiligung: So etwas würde man wohl höchstens in religiösen Monarchien wie Katar, dem Oman oder Niederösterreich erwarten. Doch eine solche wurde gestern überraschend in Oberösterreich präsentiert. Der umstrittene Schritt sorgt für Aufsehen – sogar in Saudi-Arabien, das umgehend seine Glückwünsche zum Fortschritt ausrichten ließ.

„Oberösterreich ist ein helles Licht, dem wir alle folgen sollten", erklärte König Salman ibn Abd al-Aziz am Freitag, einem Tag, an dem bekanntlich keine öffentlichen Hinrichtungen im Land stattfinden. „Jetzt muss ihr Anführer, Scheich Josef Pühringer – sein Name sei geheiligt –, sich nur mehr einen Vollbart wachsen lassen, und ein Platz im Paradies ist ihm sicher."

„Fortschritte in einem solchen Ausmaß" habe es auf europäischem Boden zuvor nur in einigen russischen Gemeinderäten sowie in einem Landkreis in Ungarn gegeben, betont der König. Anschließend zeigte das saudische Staatsfernsehen Bilder von Demonstranten, die jubelnd Oberösterreich-Flaggen schwenkten. Außerdem wurde eine Puppe von SPÖ-Oberösterreich-Chef Entholzer verbrannt.

Doch was könnte ÖVP-Landeshauptmann Pühringer mit dem Schritt wirklich bezwecken? Politik-Experte Peter Filzmaier analysiert: „Die ÖVP will mit diesem Schritt eine ganz klare Botschaft an ihre Kernwählergruppe, ältere Männer mit sehr großen Traktoren, senden: Wir sind für euch da, wir schützen euch vor dieser unmaskulinen Revolution da draußen, bis zum letzten Biertropfen."

In der österreichischen Innenpolitik stießen die orientalischen Glückwünsche auf Skepsis. „Ich bin verwirrt", gestand FPÖ-Chef Strache im Gespräch mit der **TAGESPRESSE**. „Eigentlich hielt ich eine reine Männerregierung für ein Zeichen einer anständigen Werteordnung. Aber wenn die Araber auch so begeistert sind, dann steckt dahinter womöglich das Zeichen einer schleichenden Islamisierung. Ich kann nur nicht genau erkennen, welches."

 56 000 Leser    19 000 Shares

> *Beste Partei Österreichs*: Der nächste Schritt ist bereits geplant – das Frauenwahlrecht soll wieder abgeschafft werden. Das lenkt nur vom Bügeln ab.

> *Thomas S.*: Oder wie meine 3-jährige Tochter zu sagen pflegt: „Papa, du bist ein Mensch. Mama ist eine Frau." Die wird auch einmal ÖVP-Wählerin.

Foto: Konstantinos Moraitis (Montage)

Teurer Irrtum am Heldenplatz: MA 48 entsorgt versehentlich Eurofighter

Zu einem teuren Irrtum kam es heute während der Heeresschau anlässlich des Nationalfeiertags am Wiener Heldenplatz: Mitarbeiter der MA 48 hielten einen dort ausgestellten Eurofighter für Sperrmüll und führten ihn der Entsorgung zu.

„Räumt's olles an Müll weg, wos ihr findt's, hot da Chef gsogt", rechtfertigt sich Müllmann Kurt R. gegenüber der **TAGESPRESSE**. „Genau des homma hoid gmocht. Woher soll ma wissen, dass des Klumpert 120 Millionen Euro kostet?"

Den Eurofighter in das Müllauto zu verfrachten, war demnach gar nicht schwierig; die meisten Teile ließen sich mit minimaler Kraftaufwendung vom Kampfjet ablösen.

Die umstehenden Soldaten wiesen die Müllmänner nicht auf ihr Versehen hin. Ganz im Gegenteil: Viele halfen beim Tragen der schweren Teile mit, darunter sogar ein hochrangiger General, der erklärte: „Den Dreck hätt' ma scho viel früher loswerden sollen."

Das Missgeschick flog erst auf, als Verteidigungsminister Klug am Heldenplatz eintraf. Er rief noch verzweifelt beim Misttelefon der MA 48 an, doch man konnte nichts mehr machen: Das viele Millionen Euro teure Gerät war bereits zu einem soliden Stahlwürfel zusammengepresst worden. Dieser soll nun angeblich zu Bierdosen der Firma Schwechater weiterverarbeitet werden.

Die Pressesprecherin der MA 48 gibt sich kleinlaut: „Uns tut das sehr leid. Wir werden den Schaden aber wiedergutmachen und dem Heer gleichwertigen Ersatz schicken." Schon morgen wird man dem Bundesheer daher einen Papierflieger übergeben.

Damit es in der österreichischen Luftraumüberwachung nicht zu gefährlichen Lücken kommt, wurden bereits Maßnahmen getroffen, um den Eurofighter zu ersetzen. Am Großglockner ist ab sofort Grundwehrdiener Hakan S. (19) mit einem Feldstecher und einer Armbrust postiert, der nach Luftraumverletzungen Ausschau halten wird.

 34 000 Leser   ➤ 11 600 Shares

Gerald Z.: „Ist das Kunst, oder kann das weg?"

Max J.: Seit ich weiß, was für Probleme die Amis mit der F-35 haben, erscheint mir der Eurofighter wieder wie das Schnäppchen des Jahrhunderts.

Foto: Erwin Scheriau / APA / picturedesk.com

Zur Abschreckung: Mikl-Leitner stellt Hunderte Mikl-Leitner-Puppen an Grenze auf

Erst gestern kündigte Innenministerin Johanna Mikl-Leitner „besondere bauliche Maßnahmen" an der Staatsgrenze an. Bereits heute will sie zur Tat schreiten und zur Abschreckung von neuankommenden Flüchtlingen Hunderte Mikl-Leitner-Puppen an der Grenze aufstellen. Menschenrechtsaktivisten sind entsetzt, Asyl-Hardliner aus der FPÖ applaudieren.

Bei einem Lokalaugenschein in Spielfeld ist bereits eine Puppe zu erblicken. Von Weitem sieht sie der Innenministerin tatsächlich zum Verwechseln ähnlich. Erst als ein Polizist uns versichert, es handle sich wirklich nur um eine Puppe, trauen wir uns, näher zu kommen.

Dort, wo sich normalerweise die Augen befinden, wurden Bewegungsmelder eingebaut. Werden sie ausgelöst, ertönt aus einer Box eine Audiobotschaft der Ministerin: „Husch, husch! Hier gibt's ka Asyl à la carte!" Der Ton ist so laut und grell, dass selbst einige Krähen in der Nähe vor Schreck zu Zugvögeln werden und in Richtung Süden davonfliegen.

Aus der Opposition gibt es schon erste Reaktionen. „Diese Maßnahme ist außerordentlich hart", meinte FPÖ-Chef Heinz-Christian Strache. „Aber man darf kein Mitleid haben. Denn wo sollen wir die alle unterbringen? In meiner 7-Zimmer-Dachwohnung ist ja wohl wirklich kein Platz."

Sollten die Puppen auf Dauer keine Wirkung zeigen, werden laut einem Insider auch Grenzzäune nicht mehr ausgeschlossen. Da hier jedoch innerhalb der Regierung große Uneinigkeit herrscht, zeichnet sich eine österreichische Lösung ab. Demnach soll der Zaun nur etwa einen Meter hoch sein.

 45 000 Leser   15 300 Shares

Silke S.: Darauf dann der syrische Vater zu seiner Familie: „مسرح العرائس!"
Zu Deutsch: „Jö schauts, Kinder, ein Kasperltheater!"

Gerhard P.: Was soll das den????????? Na wenn sie auch die Figur vom Glöckner von Notre Dame hinstellen würden oder eine Alien Puppe – so würden die Flüchtlinge auch über die Grenze kommen!!!! DENN SIE WISSEN NICHT WAS SIE ZU TUN HABEN UNSERE POLITZIKER!!!!!

Inhalt

INTERNATIONAL

WIRTSCHAFT

CHRONIK

LEUTE

WISSENSCHAFT